AutoCAD 机械绘图实训习题集

主　编　李小强　赵松涛

参　编　杨德辉　陶　华　梁军华

廖　波　唐文安　张顺宁

北京理工大学出版社

BEIJING INSTITUTE OF TECHNOLOGY PRESS

内 容 简 介

　　本习题集是一本引导读者使用 AutoCAD 进行机械绘图实际操作的习题集，习题集中提供了丰富的图形供读者练习，这些练习题具有典型性、代表性和多样性，涉及到 AutoCAD 的大部分基本功能，通过这些习题的练习，读者可以全面地掌握该软件。

　　本习题集内容丰富，以学习单元的形式进行编写，适合广大技术院校的教学需要。学习单元一为机械零件二维视图绘制，学习单元二为机械零件三视图绘制，学习单元三为典型机械零件工程图绘制，学习单元四为典型机械部件装配图绘制，学习单元五为机械零件轴测图绘制，内容由浅入深，循序渐进，安排合理。此外，为了更进一步提高学生应用 AutoCAD 软件的能力，本习题集学习单元六提供了一套综合实践的练习素材，该单元的练习难度大于前面的学习单元，能够更有效地对学生进行训练。

　　本习题集的编写注重实际应用，注重引导学生进行自我提高，着重培养学生的自主学习能力，使读者对该软件达到融会贯通、灵活应用的目的，并提高解决实际工程问题的能力。

图书在版编目（CIP）数据

AutoCAD 机械绘图实训习题集／李小强，赵松涛主编. —北京：北京理工大学出版社，2024.8 重印
ISBN 978-7-5682-4538-8

Ⅰ.①A…　Ⅱ.①李…②赵…　Ⅲ.①机械制图-AutoCAD 软件-习题集　Ⅳ.①TH126-44

中国版本图书馆 CIP 数据核字（2017）第 190090 号

出版发行／北京理工大学出版社有限责任公司
社　　　址／北京市海淀区中关村南大街 5 号
邮　　　编／100081
电　　　话／（010）68914775（总编室）
　　　　　　（010）82562903（教材售后服务热线）
　　　　　　（010）68948351（其他图书服务热线）
网　　　址／http://www.bitpress.com.cn
经　　　销／全国各地新华书店
印　　　刷／三河市天利华印刷装订有限公司
开　　　本／787 毫米×1092 毫米　1/16
印　　　张／6.25
字　　　数／147 千字
版　　　次／2024 年 8 月第 1 版第 6 次印刷
定　　　价／25.00 元

责任编辑／赵　岩
文案编辑／梁　潇
责任校对／周瑞红
责任印制／李志强

前　言

　　AutoCAD 软件是当前流行的计算机辅助设计软件，它功能强大、操作简便，深受广大工程技术人员青睐。针对该软件市场上有各种各样的教材或参考资料，但大部分都有一个共同的缺陷：习题集中提供的练习素材不够详细。这就使得读者在使用时极为不便，无法进行有效的练习。针对这种情况，本习题集作者结合自身多年的教学经验，参考众多同行的技术资料，精心编写了本习题集。

　　本习题集是一本引导读者使用 AutoCAD 进行实际机械绘图操作的习题集，习题集中提供了丰富的图形供读者练习，这些练习题具有典型性、代表性和多样性，涉及到 AutoCAD 的大部分基本功能，通过这些习题的练习，读者可以全面地掌握该软件。

　　同时，为了与实际生产紧密结合，让学生能在最短的时间内适应企业的实际要求，在学习过程中使用的练习素材必须来自生产一线。本习题集的编写正是基于这样的背景，以装备制造业高职人才培养作为理论基础，注重实际应用，注重引导学生进行自我提高，着重培养学生的自主学习能力，使读者对该软件达到融会贯通、灵活应用的目的，并提高解决实际工程问题的能力。

　　本习题集内容丰富，以学习单元的形式进行编写，适合广大技术院校的教学需要。学习单元一为机械零件二维视图绘制，学习单元二为机械零件三视图绘制，学习单元三为典型机械零件工程图绘制，学习单元四为典型机械部件装配图绘制，学习单元五为机械零件轴测图绘制，内容由浅入深，循序渐进，安排合理。此外，为了更进一步提高学生应用 AutoCAD 软件的能力，本习题集学习单元六提供了一套综合实践的练习素材，该单元的练习难度大于前面的学习单元，能够更有效地对学生进行训练。

　　本习题集范例紧扣教学内容、富有启发性；题型活、寓意深、角度新，除供理解、消化、巩固知识的基本题外，还设计了一些开发智能的趣味题，更有利于培养读者读图、绘图的能力。

　　本习题集由学校教师和企业高级工程师编写，作者或多年从事机械类专业课程及 AutoCAD 软件的教学工作，或常年在企业从事 AutoCAD 软件的应用工作，具有丰富的教学和应用经验，因而本习题集更好地做到了理论与实践相结合。

　　本习题集由四川工程职业技术学院李小强、赵松涛担任主编，负责全习题集的统稿，参与编写的还有四川工程职业技术学院的杨德辉、陶华、梁军华、廖波、唐文安，中国第二重型机械集团设计院的张顺宁高级工程师参与了编写工作。感谢四川工程职业技术学院的胡兆国教授对本习题集给予的大力帮助。

　　本习题集适用于机械类各专业的 AutoCAD 软件课程教学，也可供广大工程技术人员学习 AutoCAD 软件时作为参考。

　　由于编者水平有限，习题集中的错误和疏漏之处在所难免，恳请广大读者和同行批评指正，以便改版时更正。

目　　录

学习单元一 机械零件二维视图绘制

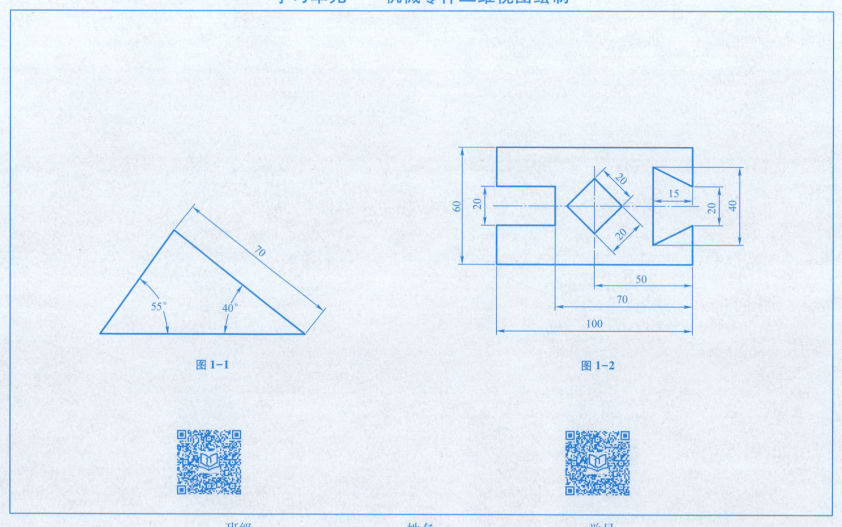

图 1-1

图 1-2

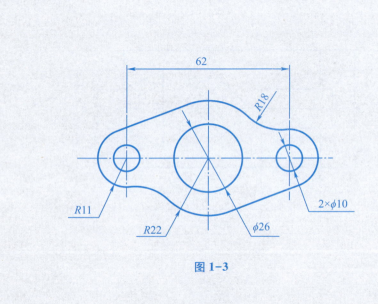

图 1-3

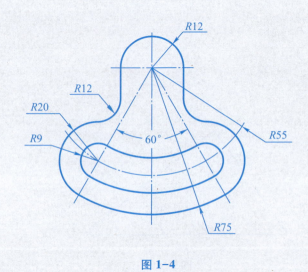

图 1-4

班级　　　　　　姓名　　　　　　学号

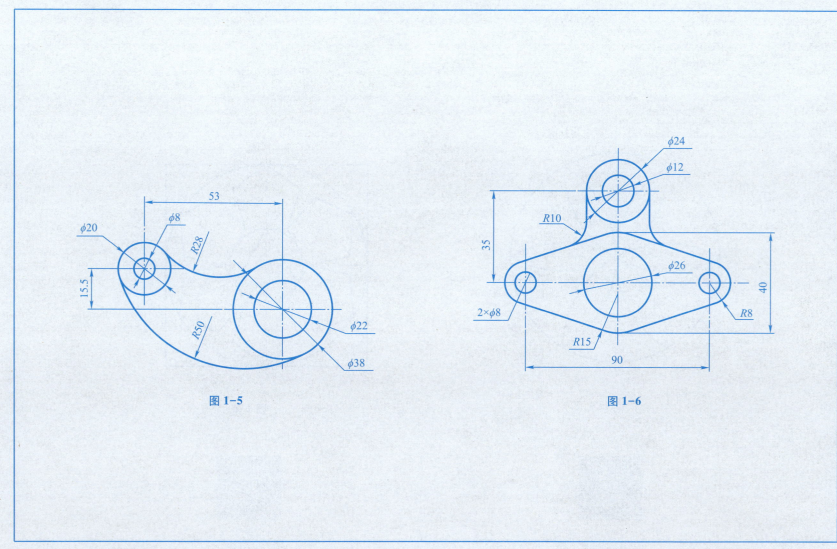

图 1−5

图 1−6

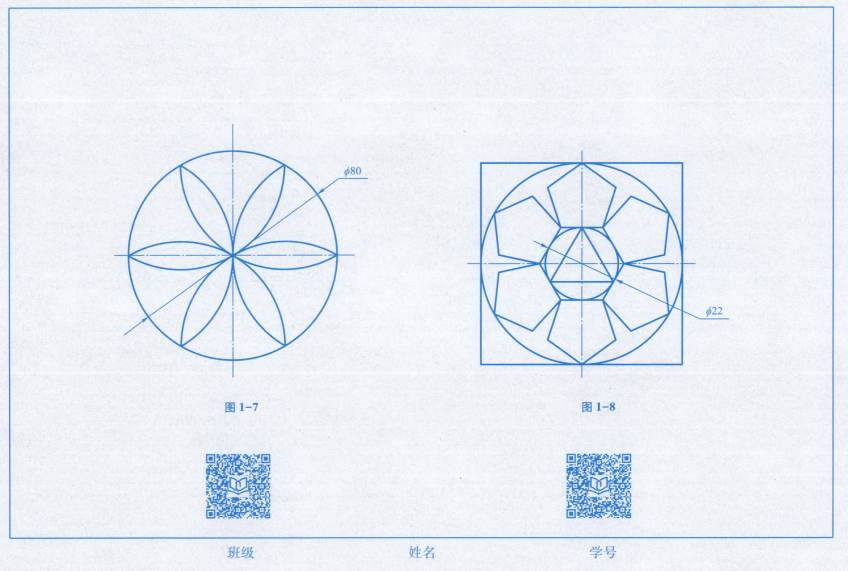

图 1-7

$\phi 80$

图 1-8

$\phi 22$

班级 姓名 学号

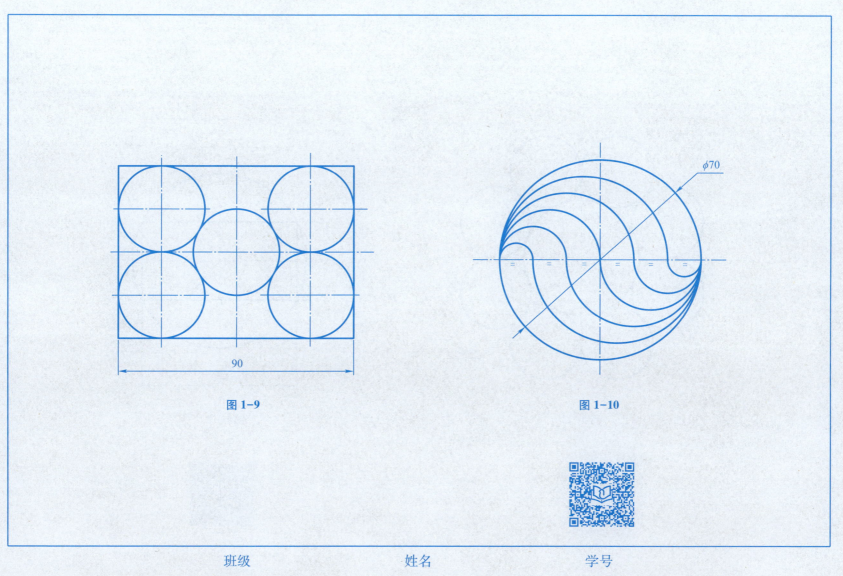

图 1-9

90

$\phi70$

图 1-10

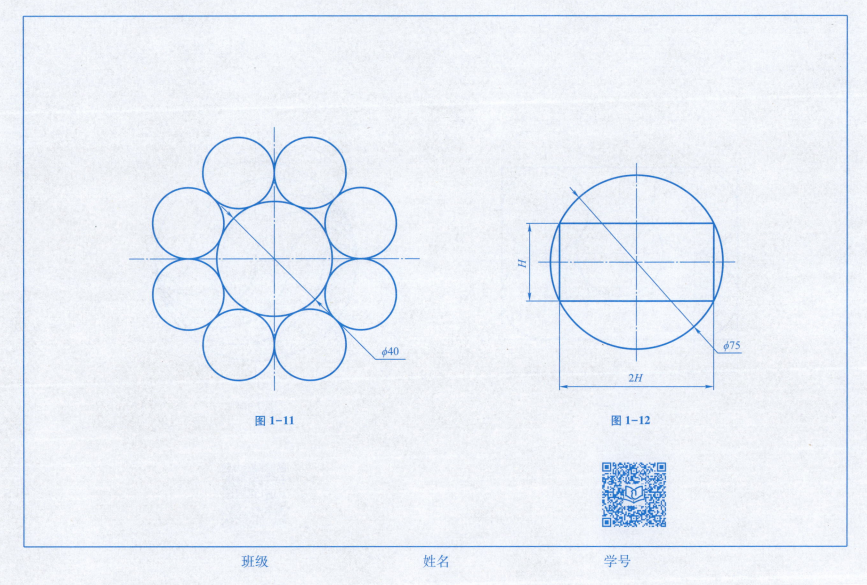

图 1-11

$\phi40$

图 1-12

H

$2H$

$\phi75$

班级 姓名 学号

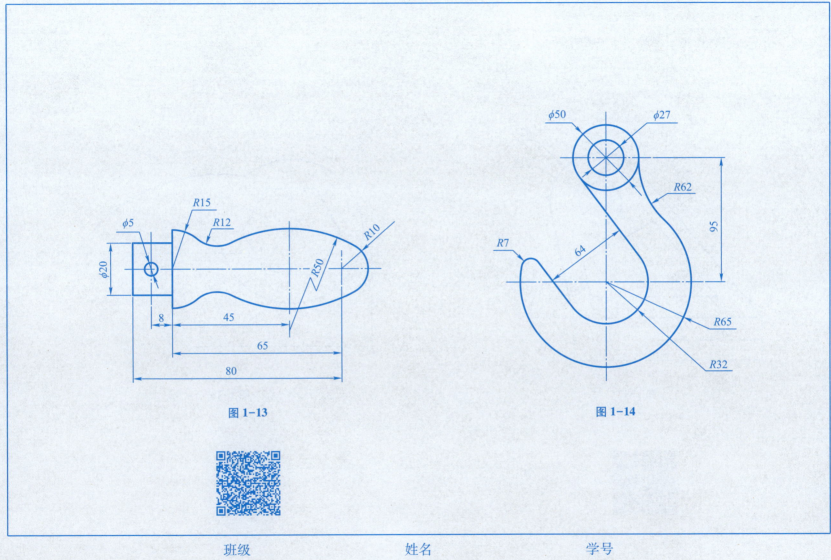

图 1-13

图 1-14

班级　　　　　　　　　姓名　　　　　　　　　学号

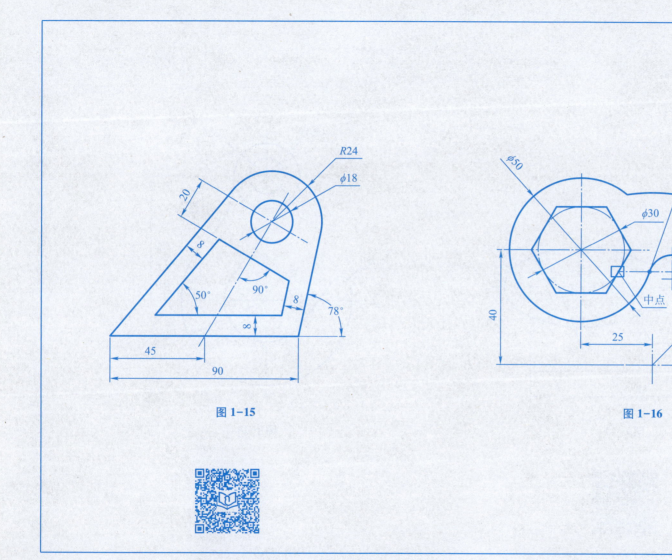

图 1-15

图 1-16

班级　　　　　　　　　姓名　　　　　　　　　学号

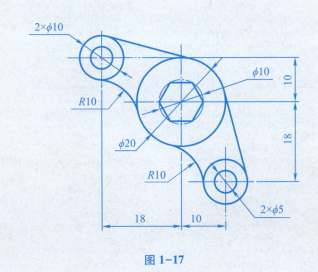

图 1-17

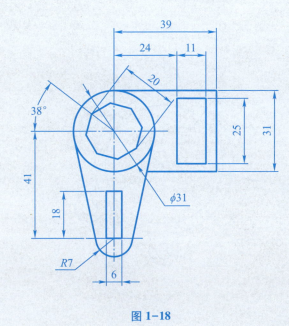

图 1-18

班级　　　　　　　　姓名　　　　　　　　学号

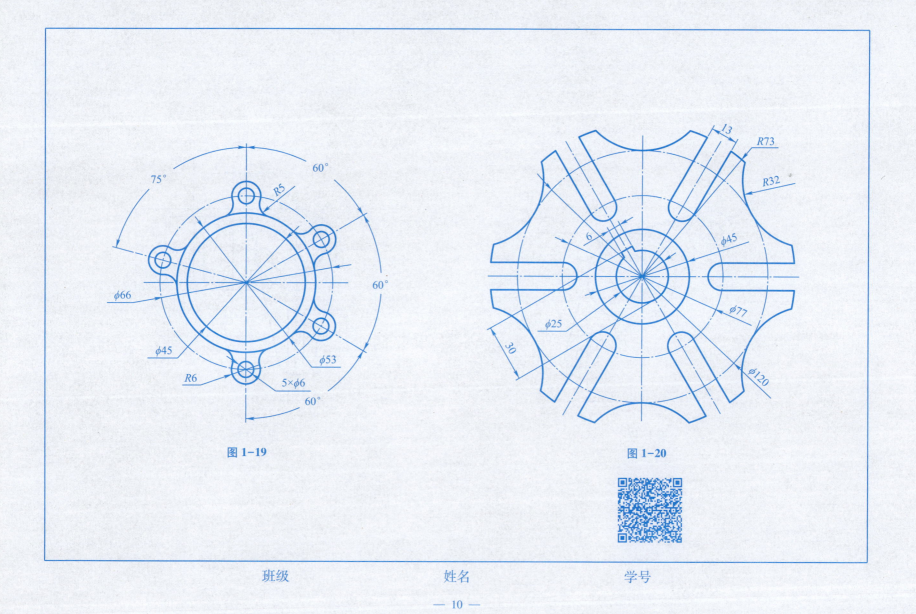

图 1-19

图 1-20

班级 姓名 学号

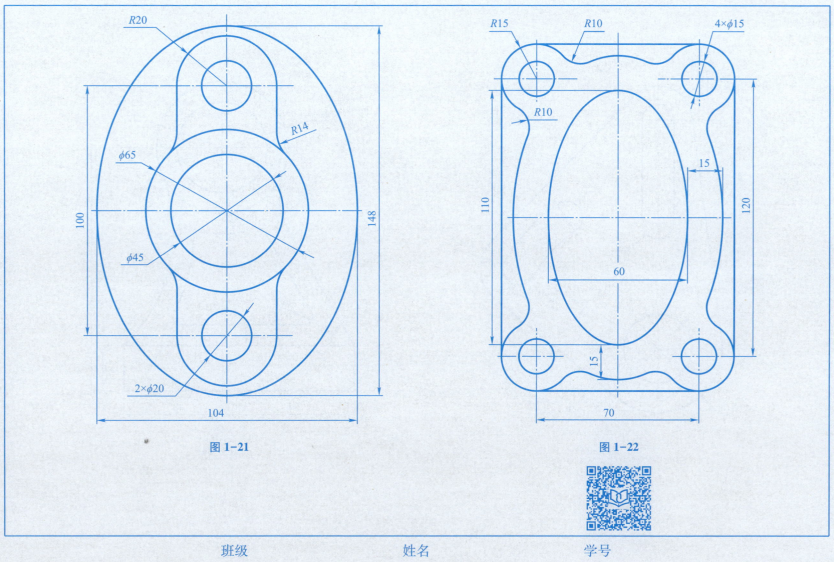

图 1-21

图 1-22

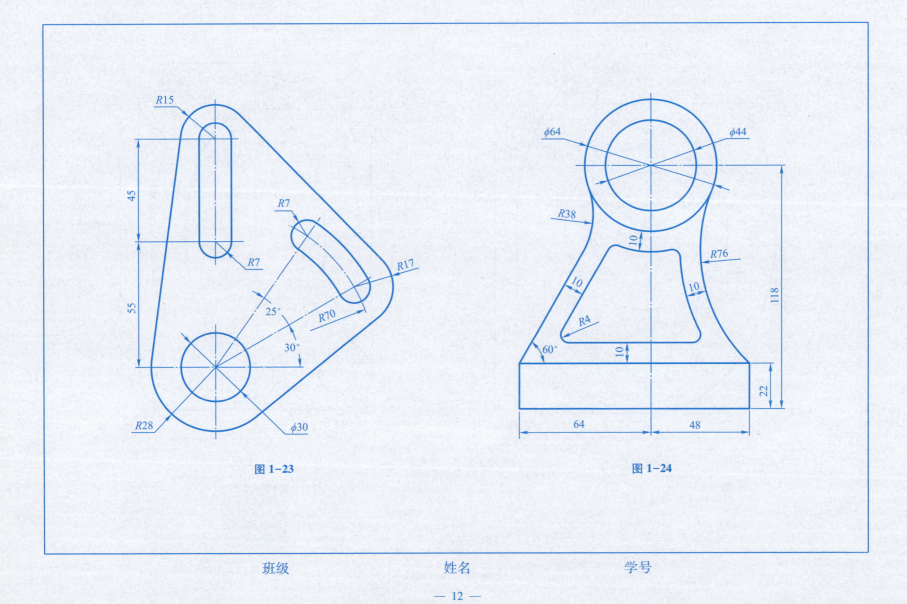

图 1-23

图 1-24

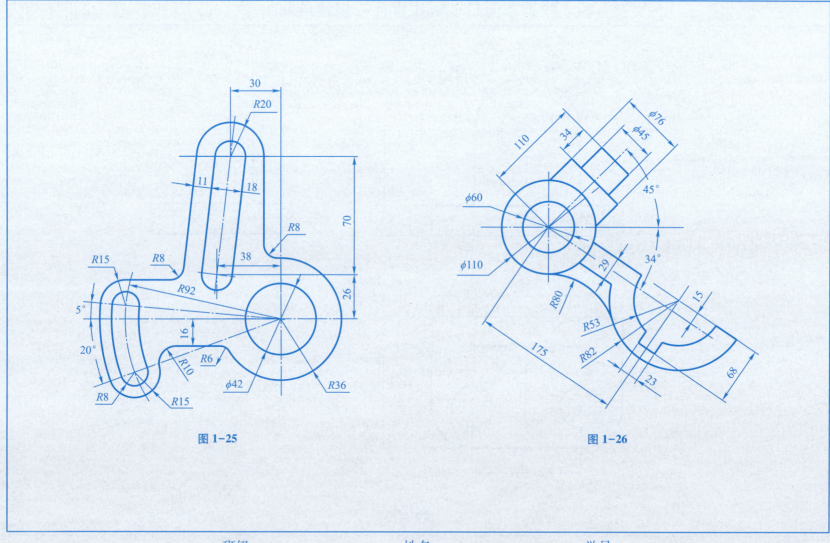

图 1-25

图 1-26

学习单元二　机械零件三视图绘制

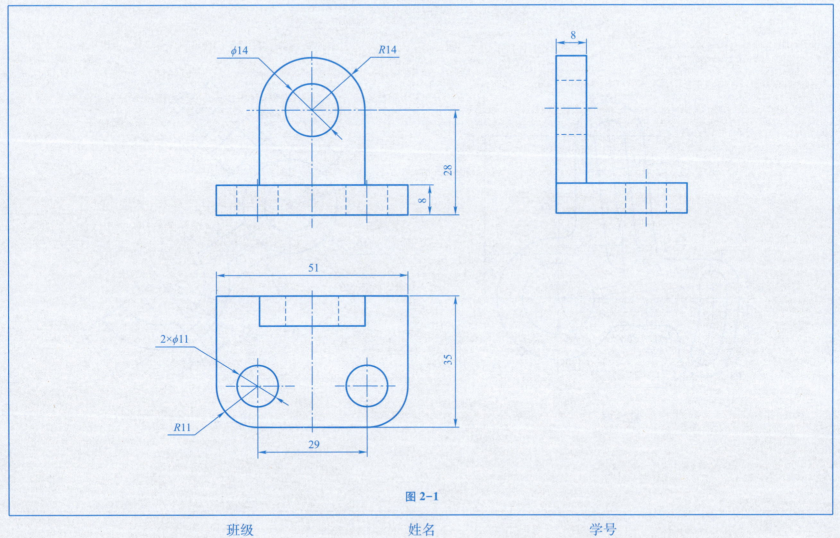

图 2-1

班级　　　　　　　　姓名　　　　　　　　学号

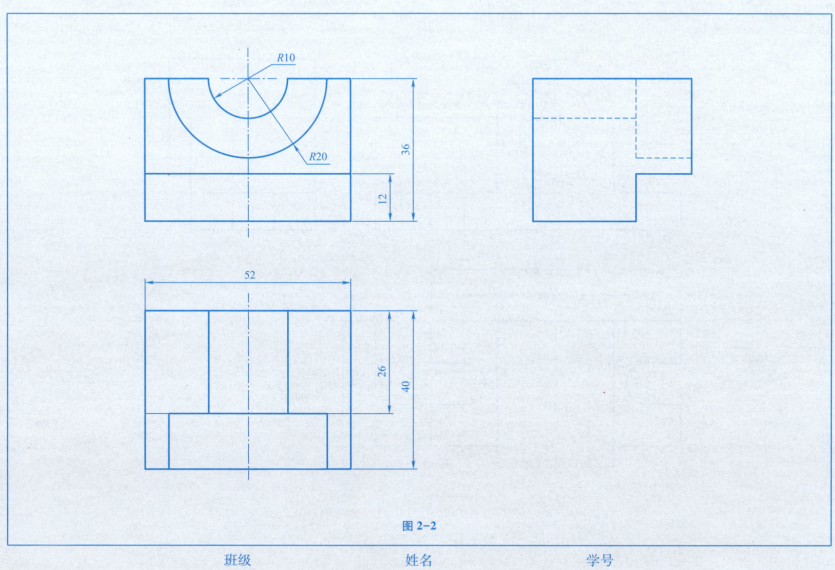

图 2-2

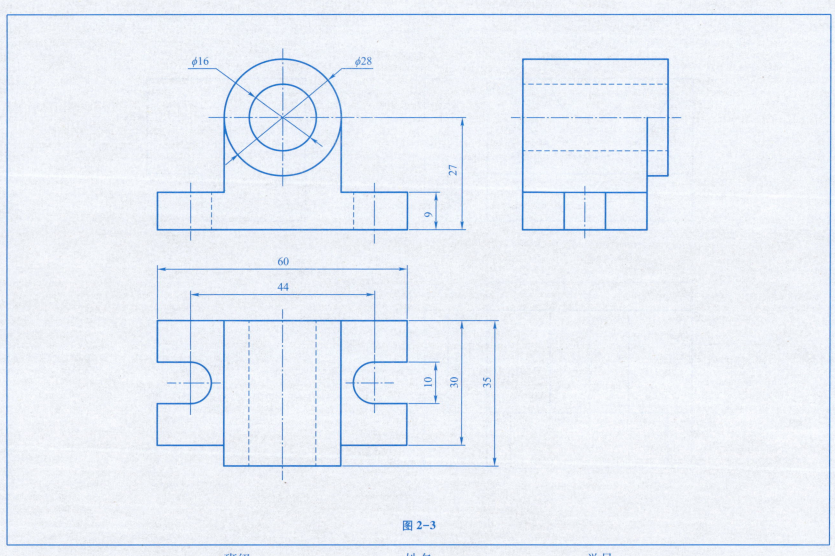

图 2-3

班级　　　　　　　　　姓名　　　　　　　　　学号

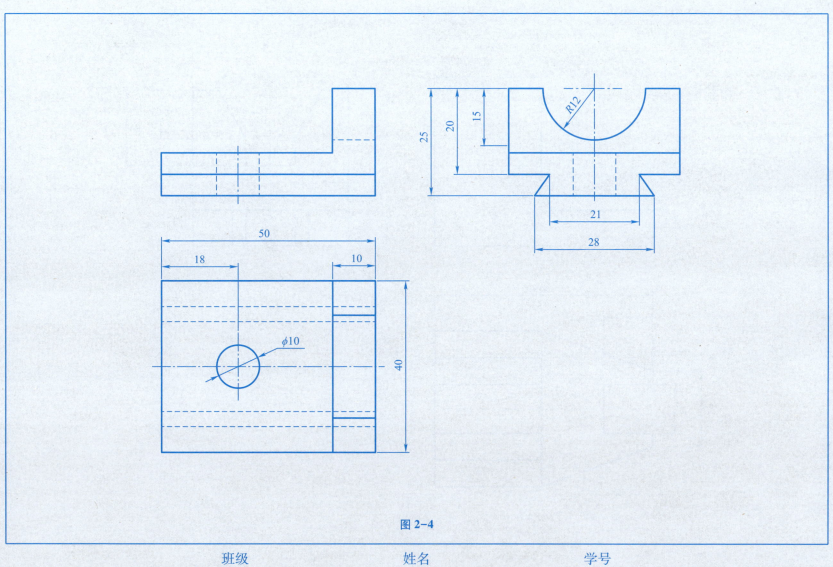

图 2-4

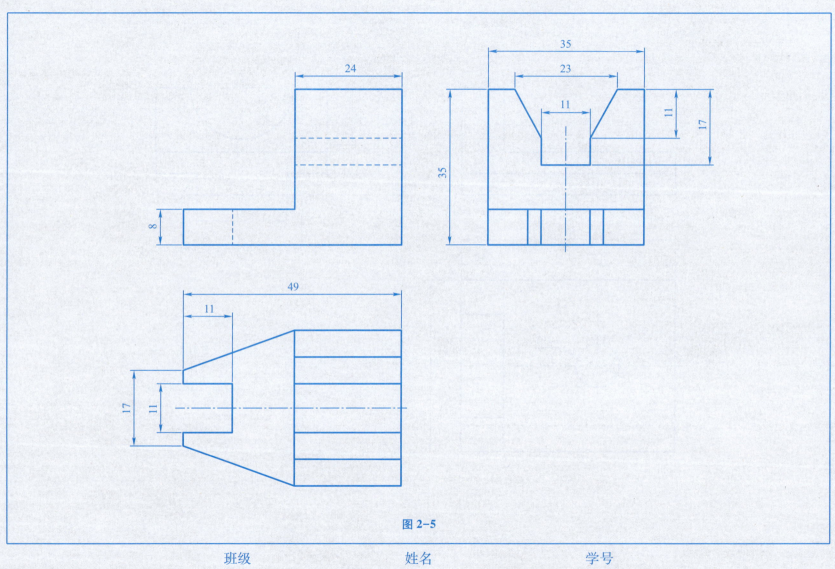

图 2-5

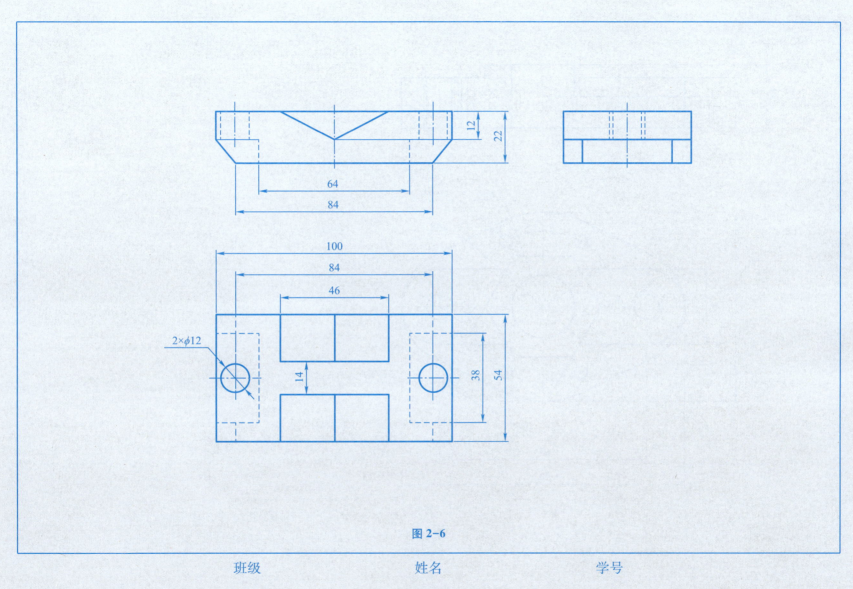

图 2-6

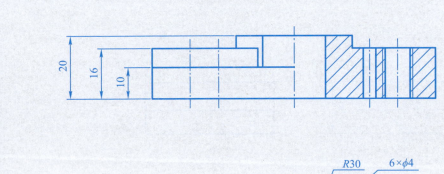

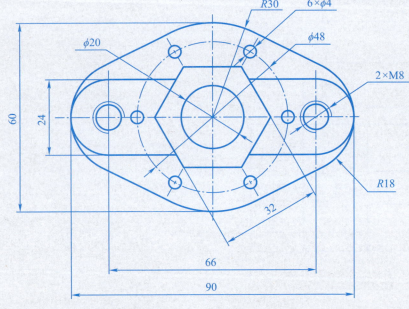

图 2-7

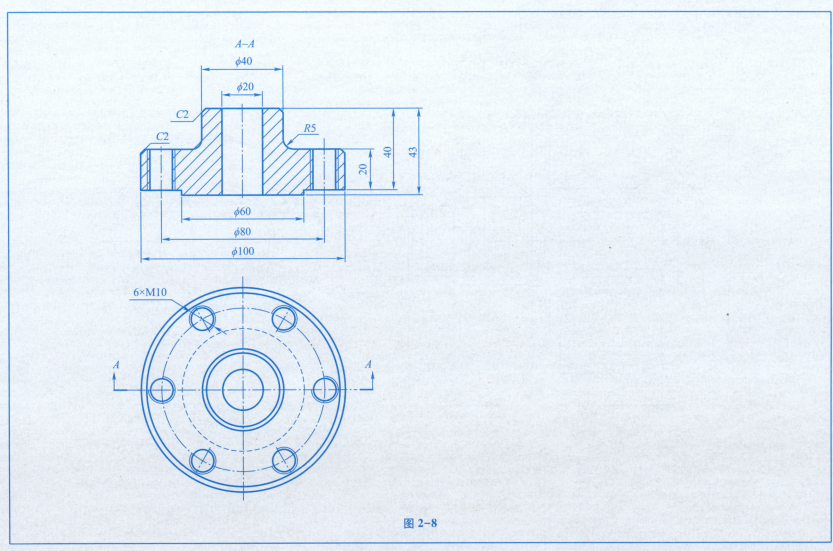

图 2-8

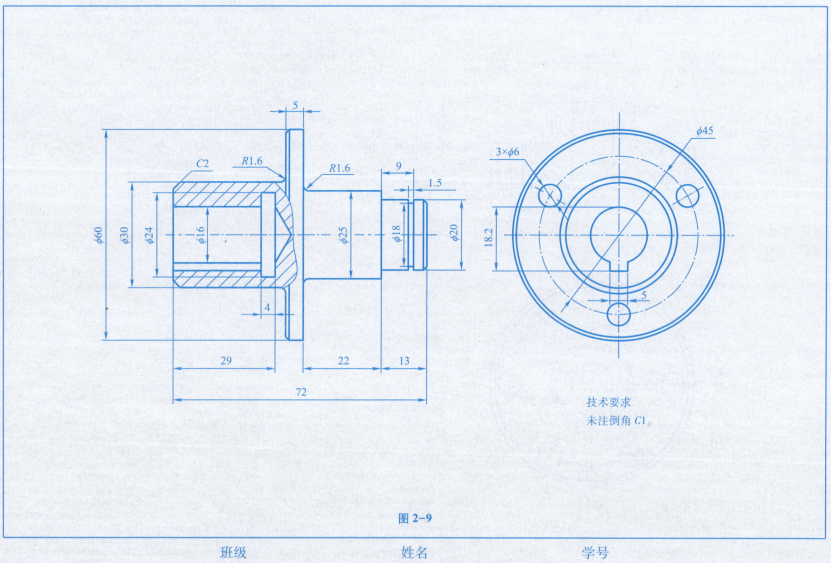

技术要求

未注倒角 $C1$。

图 2-9

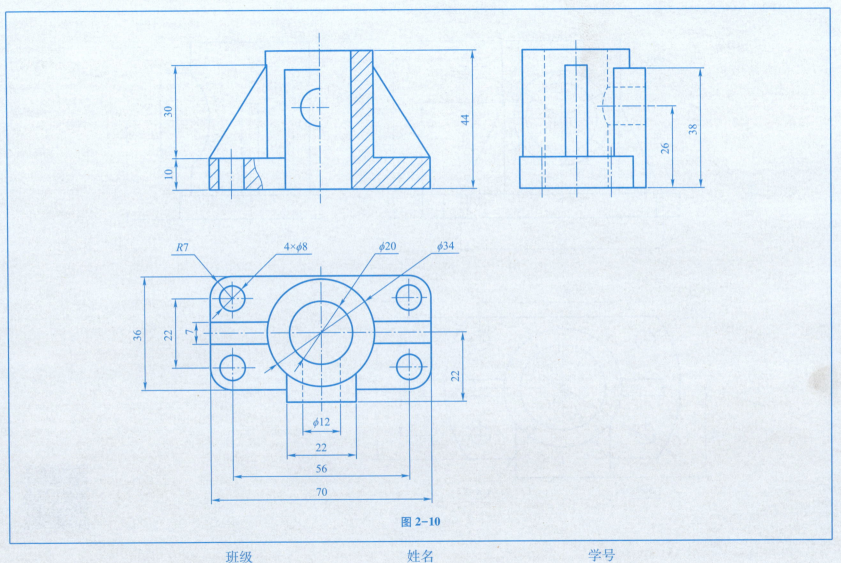

图 2-10

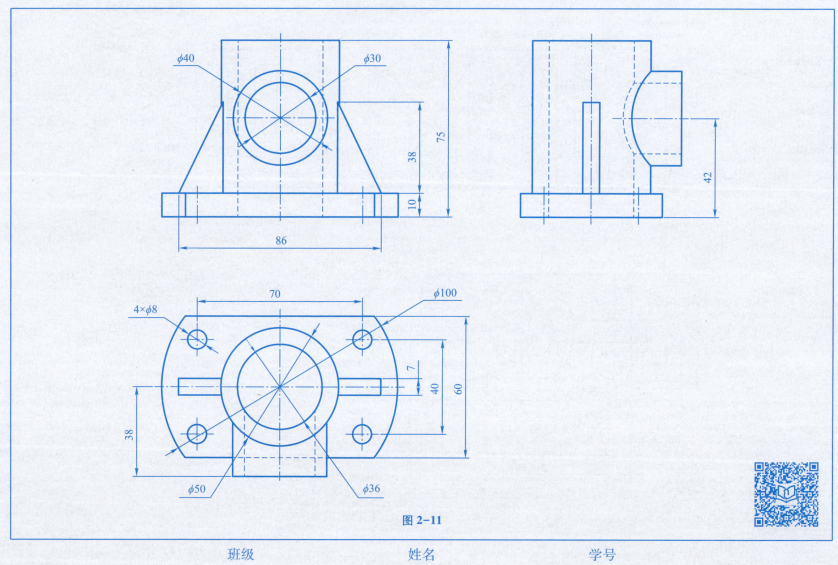

图 2-11

班级　　　　　　　　姓名　　　　　　　　学号

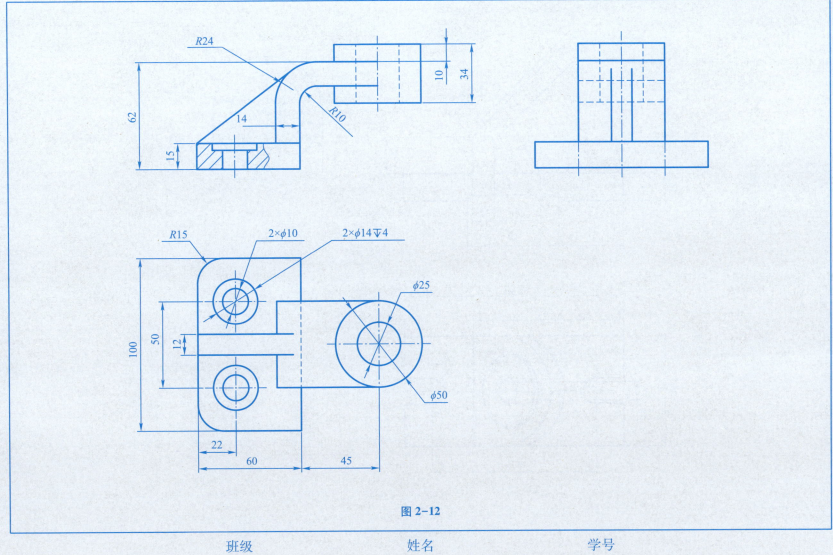

图 2-12

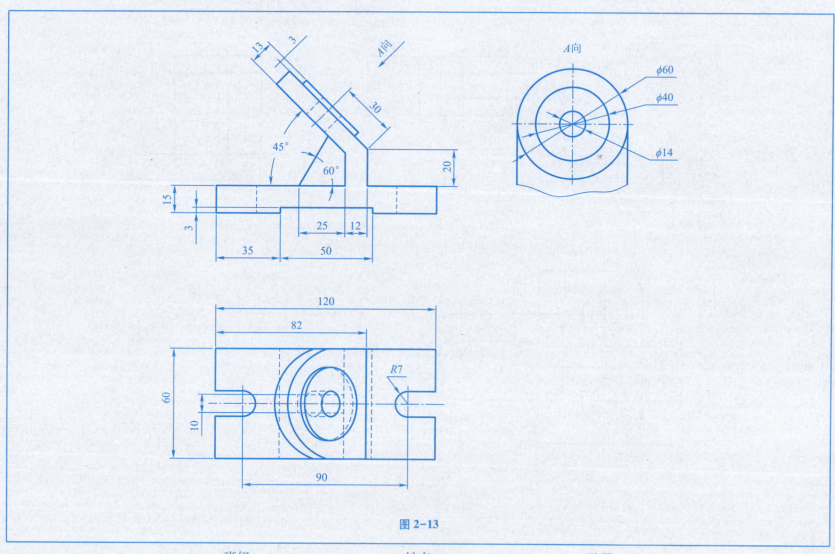

图 2-13

班级　　　　　　　姓名　　　　　　　学号

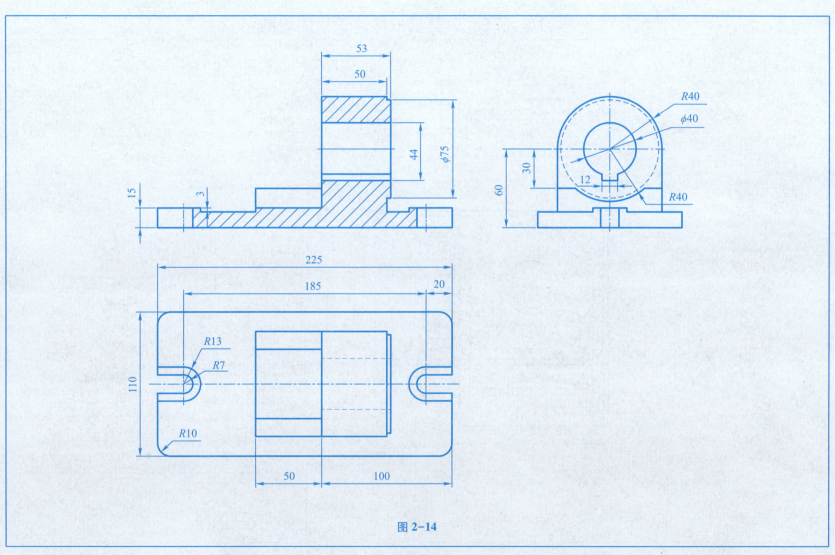

图 2-14

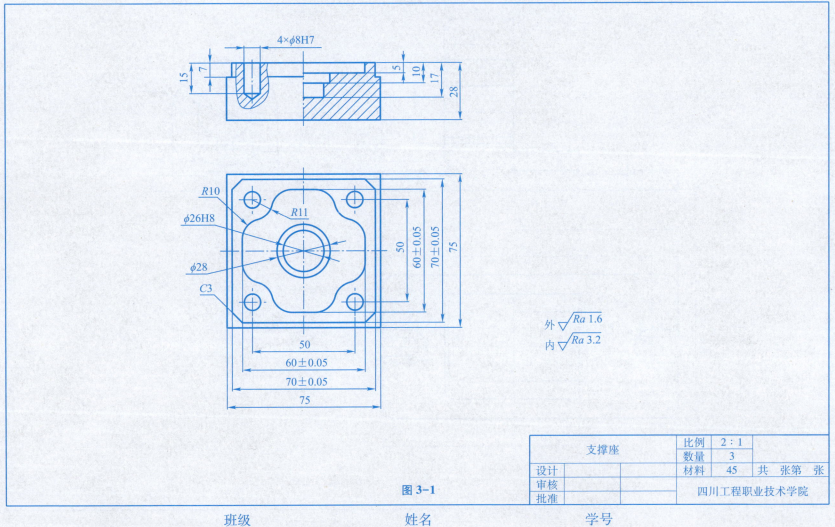

$$外 \sqrt{Ra\ 1.6}$$
$$内 \sqrt{Ra\ 3.2}$$

图 3-1

支撑座		比例	2∶1	
		数量	3	
设计		材料	45	共　张第　张
审核		四川工程职业技术学院		
批准				

班级　　　　　　　　姓名　　　　　　　　学号

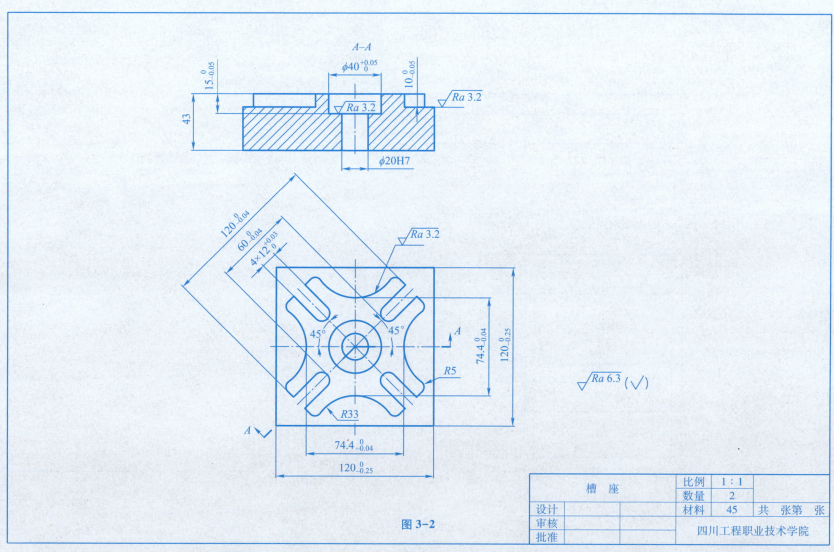

图 3-2

槽　座		比例	1：1	
		数量	2	
设计		材料	45	共　张第　张
审核				
批准		四川工程职业技术学院		

班级　　　　　　　姓名　　　　　　　学号

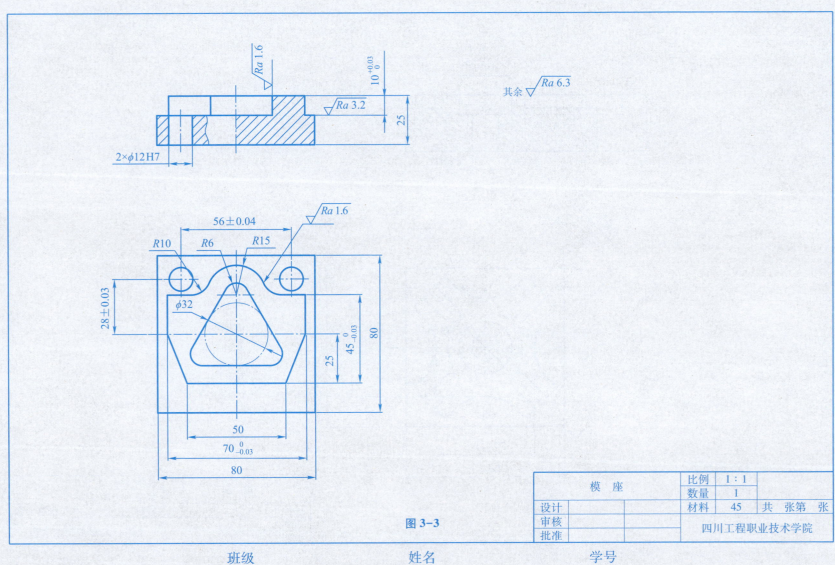

$Ra\ 1.6$

$Ra\ 3.2$

$10^{+0.03}_{0}$

25

其余 $\sqrt{Ra\ 6.3}$

$2\times\phi12H7$

56 ± 0.04

$Ra\ 1.6$

$R10$ $R6$ $R15$

28 ± 0.03

$\phi32$

$45^{0}_{-0.03}$

80

25

50

$70^{0}_{-0.03}$

80

图 3-3

模　座		比例	1：1	
		数量	1	
设计		材料	45	共　张第　张
审核		四川工程职业技术学院		
批准				

班级　　　　　　　　姓名　　　　　　　　学号

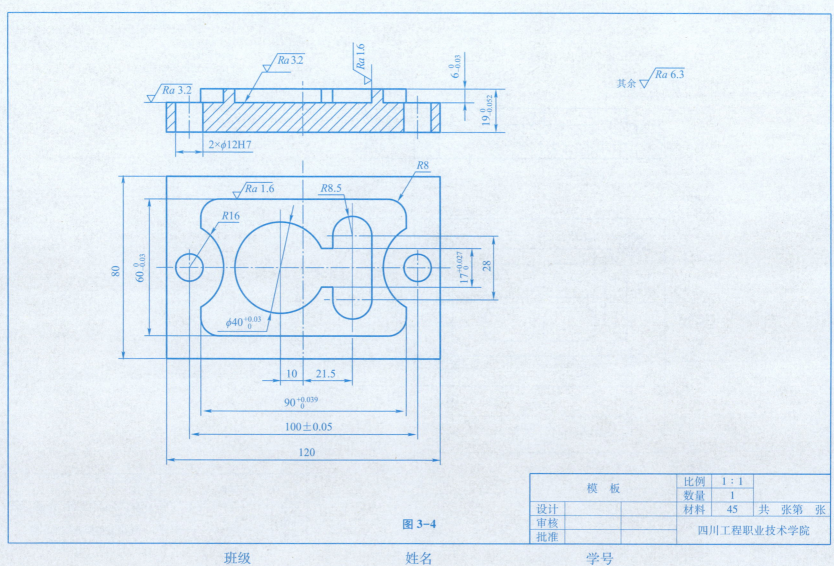

其余 $\sqrt{Ra\ 6.3}$

$Ra\ 3.2$

$Ra\ 1.6$

$6_{-0.03}^{0}$

$Ra\ 3.2$

$19_{-0.052}^{0}$

$2\times\phi 12H7$

$Ra\ 1.6$

$R8.5$

$R8$

$R16$

80

$60_{-0.03}^{0}$

$17_{0}^{+0.027}$

28

$\phi 40_{0}^{+0.03}$

10 21.5

$90_{0}^{+0.039}$

100 ± 0.05

120

图 3-4

模 板			比例	1：1	
			数量	1	
设计			材料	45	共 张第 张
审核					
批准			四川工程职业技术学院		

班级　　　　　　　　姓名　　　　　　　　学号

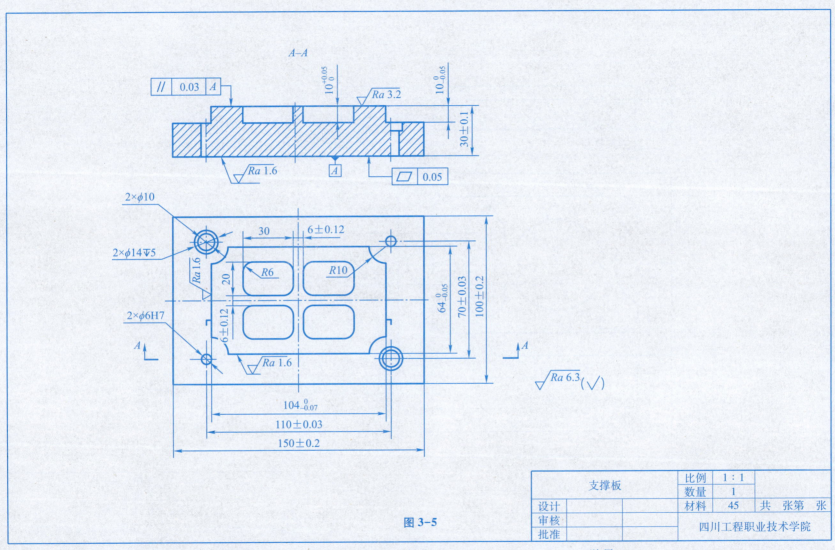

图 3-5

支撑板			比例	1：1		
			数量	1		
设计			材料	45	共 张第 张	
审核			四川工程职业技术学院			
批准						

班级　　　　　　　　　姓名　　　　　　　　学号

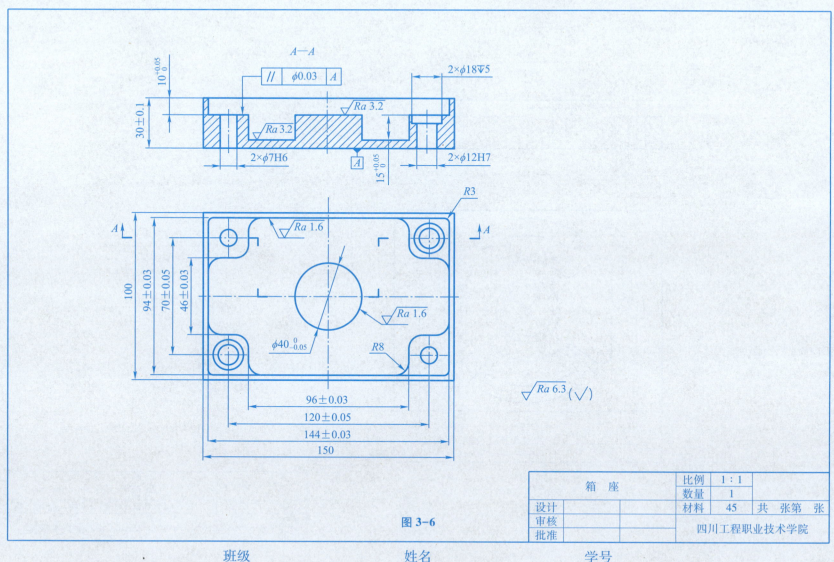

图 3-6

箱　座			比例	1：1		
			数量	1		
设计			材料	45	共　张第　张	
审核						
批准			四川工程职业技术学院			

班级　　　　　　　姓名　　　　　　　学号

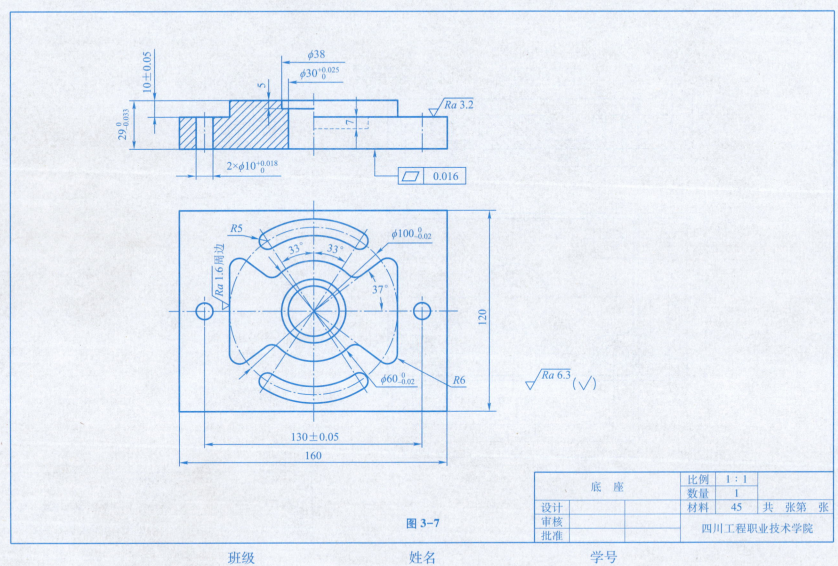

图 3-7

底　座		比例	1：1	
		数量	1	
设计		材料	45	共　张第　张
审核			四川工程职业技术学院	
批准				

班级　　　　　　　　　　姓名　　　　　　　　学号

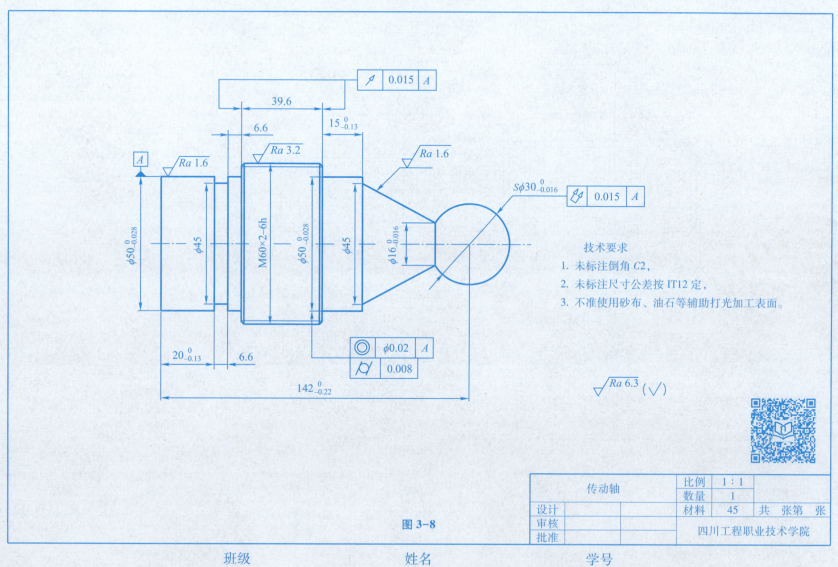

技术要求

1. 未标注倒角 C2，

2. 未标注尺寸公差按 IT12 定，

3. 不准使用砂布、油石等辅助打光加工表面。

$\sqrt{Ra\,6.3}\,(\sqrt{})$

图 3-8

传动轴		比例	1：1	
		数量	1	
设计		材料	45	共 张第 张
审核				
批准		四川工程职业技术学院		

班级　　　　　　　　　姓名　　　　　　　学号

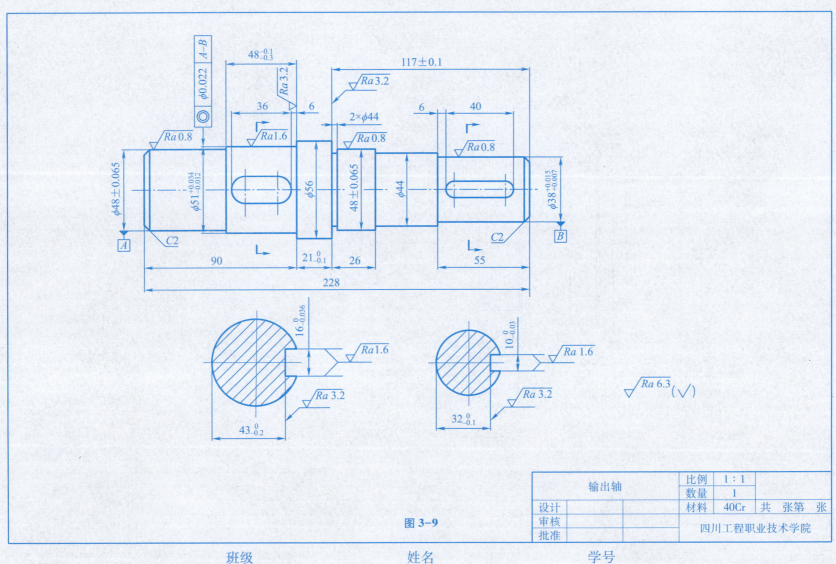

图 3-9

输出轴		比例	1：1	
		数量	1	
设计		材料	40Cr	共　张第　张
审核		四川工程职业技术学院		
批准				

班级　　　　　　姓名　　　　　　学号

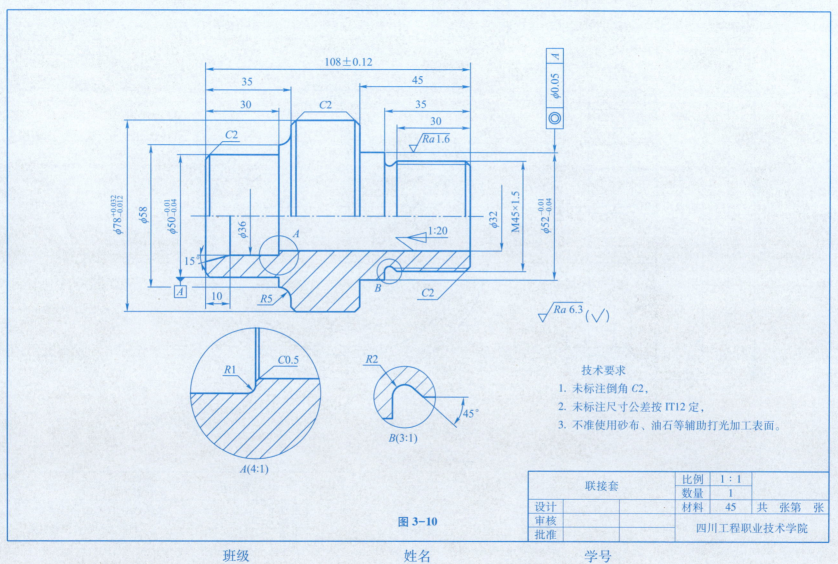

技术要求

1. 未标注倒角 C2,

2. 未标注尺寸公差按 IT12 定,

3. 不准使用砂布、油石等辅助打光加工表面。

A(4:1)

B(3:1)

图 3-10

联接套		比例	1:1			
		数量	1			
设计		材料	45	共 张第 张		
审核		四川工程职业技术学院				
批准						

班级　　　　　　　　姓名　　　　　　　　学号

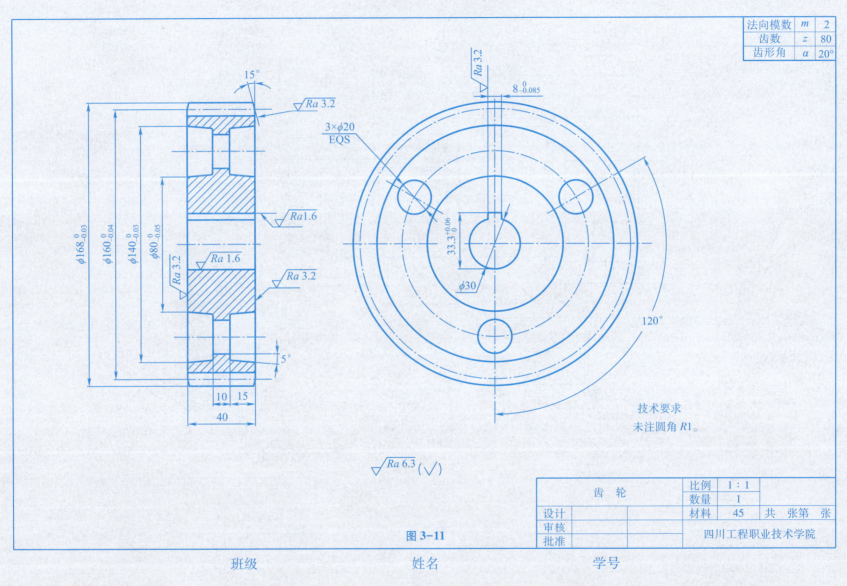

法向模数	m	2
齿数	z	80
齿形角	α	20°

$\sqrt{Ra\,3.2}$

$8_{-0.085}^{0}$

$15°$

$\sqrt{Ra\,3.2}$

$3\times\phi20$
EQS

$\sqrt{Ra1.6}$

$\phi168_{-0.03}^{0}$ $\phi160_{-0.04}^{0}$ $\phi140_{-0.03}^{0}$ $\phi80_{-0.05}^{0}$

$\sqrt{Ra\,3.2}$ $\sqrt{Ra\,1.6}$

$\sqrt{Ra\,3.2}$

$33.3_{0}^{+0.06}$

$\phi30$

$120°$

$5°$

10 15

40

技术要求
未注圆角 $R1$。

$\sqrt{Ra\,6.3}\ (\sqrt{\ })$

齿 轮		比例	1：1	
		数量	1	
设计		材料	45	共 张第 张
审核				四川工程职业技术学院
批准				

图 3-11

班级　　　　　　姓名　　　　　　学号

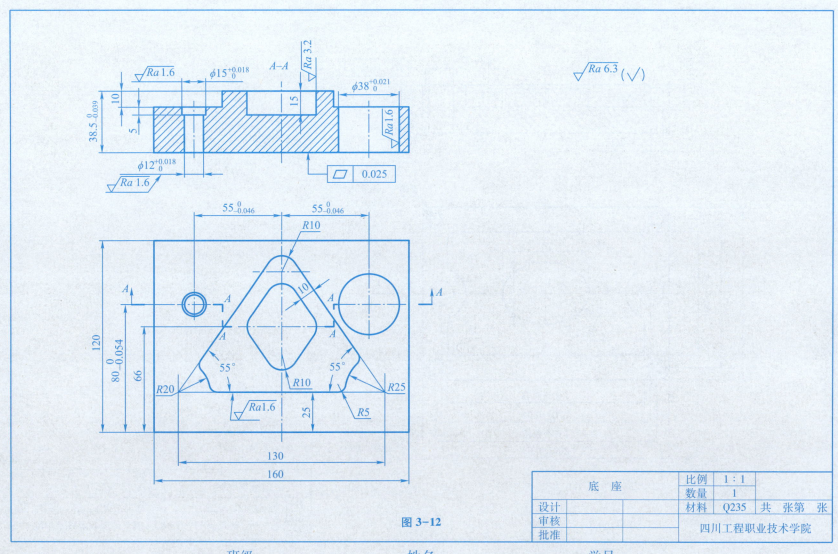

图 3-12

底　座		比例	1 : 1	
		数量	1	
设计		材料	Q235	共　张第　张
审核			四川工程职业技术学院	
批准				

班级　　　　　　　　　姓名　　　　　　　　　学号

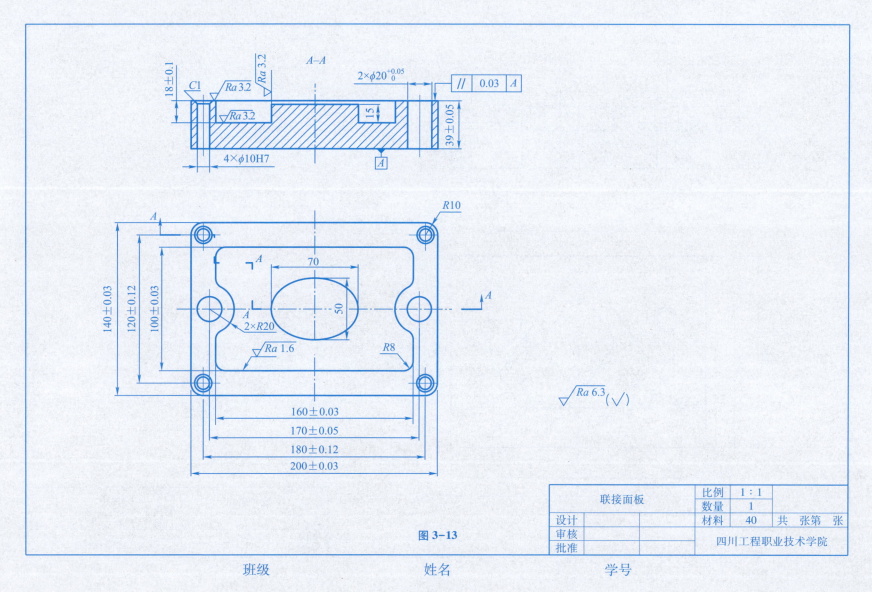

图 3-13

联接面板		比例	1 : 1	
		数量	1	
设计		材料	40	共 张第 张
审核		四川工程职业技术学院		
批准				

班级　　　　　　　　姓名　　　　　　　　学号

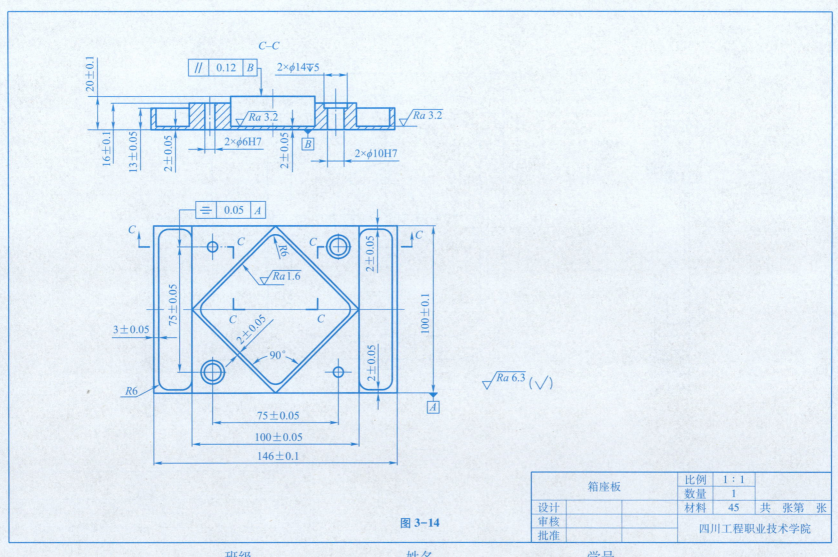

图 3-14

箱座板		比例	1：1	
		数量	1	
设计		材料	45	共 张第 张
审核		四川工程职业技术学院		
批准				

班级　　　　　　　　姓名　　　　　　　　学号

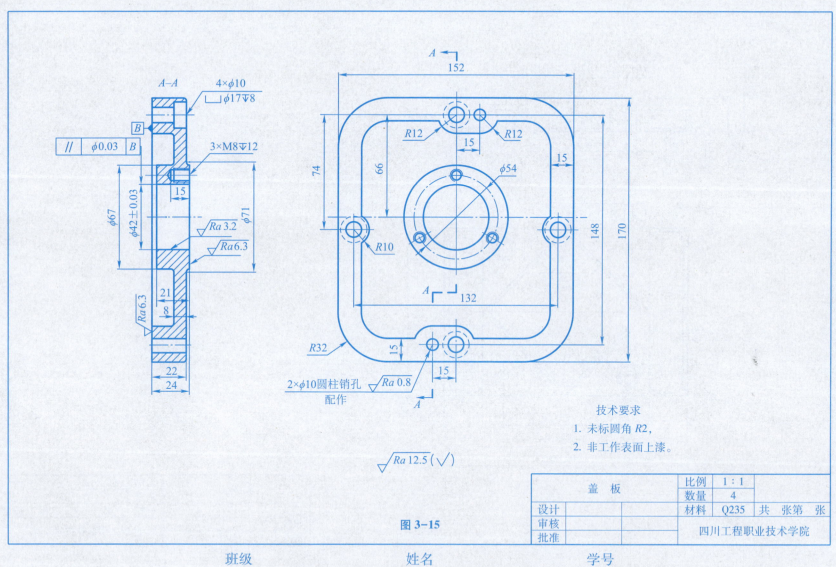

技术要求

1. 未标圆角 R2,

2. 非工作表面上漆。

$\sqrt{Ra\,12.5}(\sqrt{})$

盖　板		比例	1：1	
		数量	4	
设计		材料	Q235	共　张第　张
审核				
批准		四川工程职业技术学院		

图 3-15

班级　　　　　　　　姓名　　　　　　　　学号

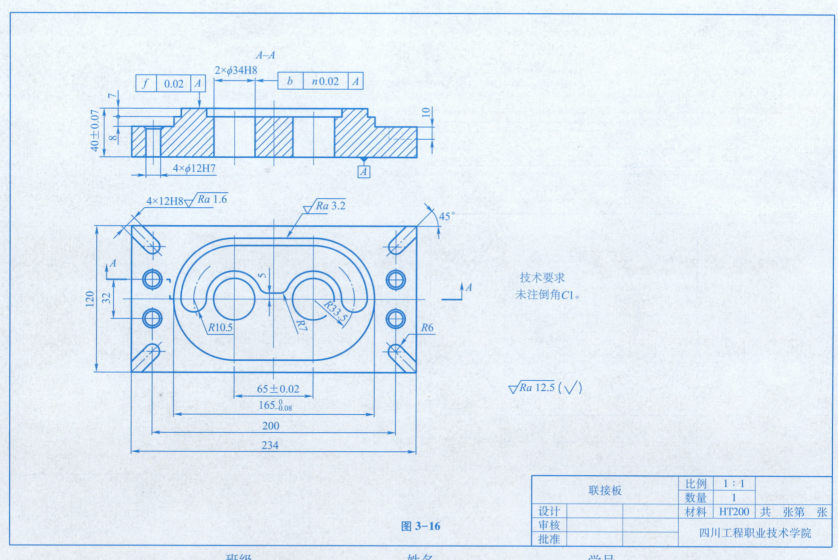

图 3-16

联接板			比例	1：1	
			数量	1	
设计			材料	HT200	共　张第　张
审核				四川工程职业技术学院	
批准					

技术要求
未注倒角C1。

班级　　　　　　　姓名　　　　　　　学号

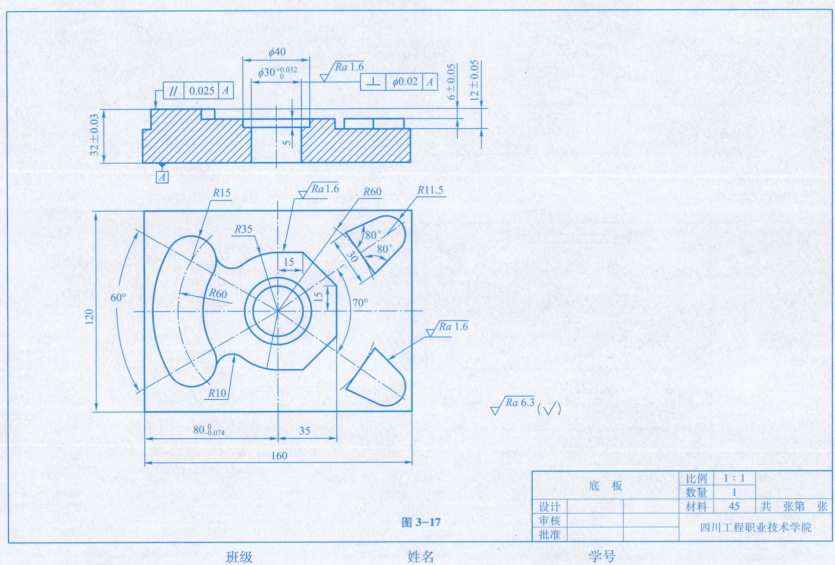

图 3-17

底 板		比例	1:1		
		数量	1		
设计		材料	45	共 张第 张	
审核		四川工程职业技术学院			
批准					

班级　　　　　　　　姓名　　　　　　　学号

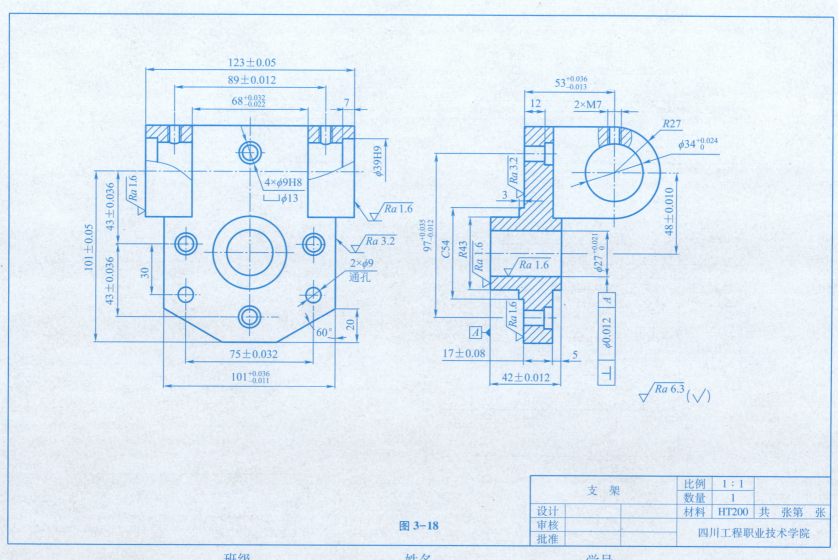

图 3-18

支　架		比例	1：1	
		数量	1	
设计		材料	HT200	共　张第　张
审核				
批准		四川工程职业技术学院		

班级　　　　　　　　　姓名　　　　　　　　　学号

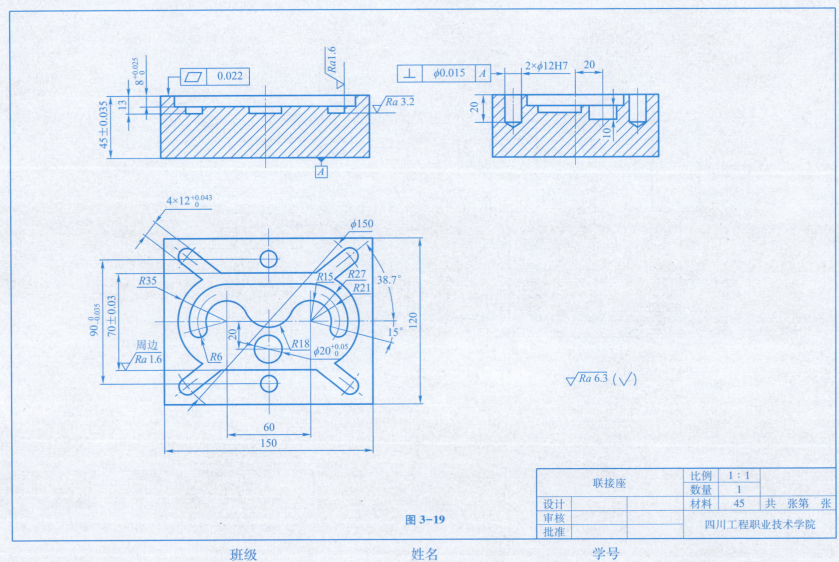

图 3-19

联接座		比例	1：1			
		数量	1			
设计		材料	45	共 张第 张		
审核		四川工程职业技术学院				
批准						

班级　　　　　　　　姓名　　　　　　　　学号

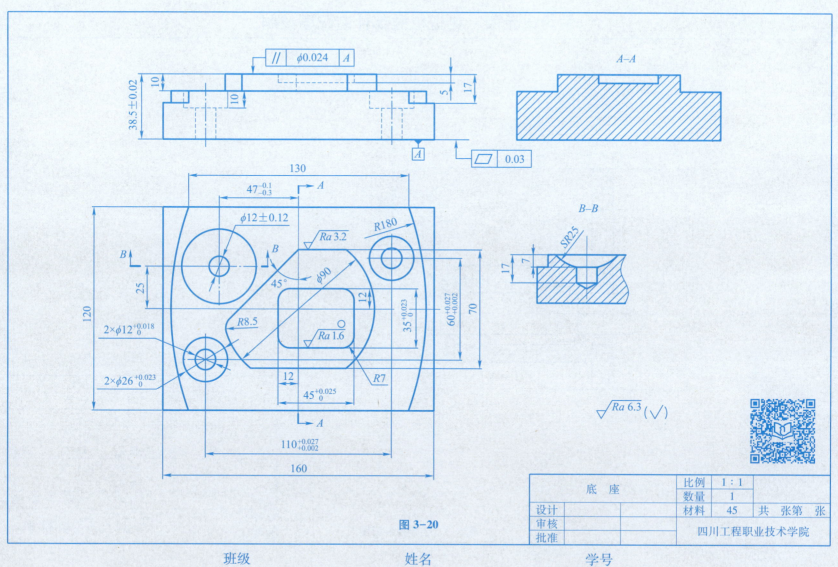

图 3-20

底 座		比例	1：1	
		数量	1	
设计		材料	45	共 张第 张
审核				
批准		四川工程职业技术学院		

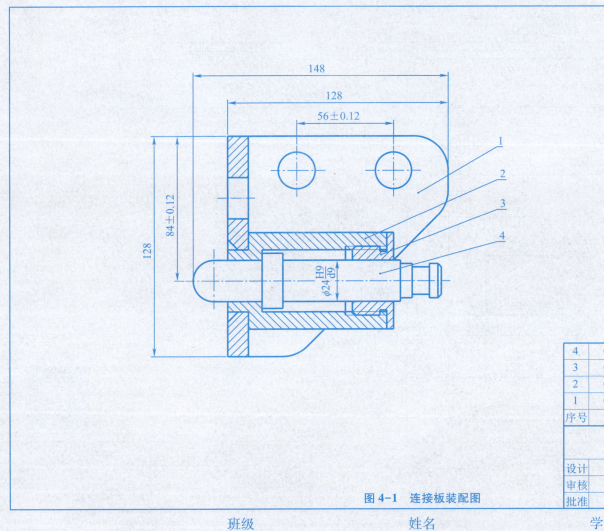

图 4-1　连接板装配图

4	GC1-4	销轴	1	45	
3	GC1-3	端盖	1	Q235	
2	GC1-2	套筒	1	Q235	
1	GC1-1	支架	1	HT150	
序号	代号	零件名称	数量	材料	备注
连接板			比例	1:1	
			数量	2	
设计			材料		共　张第　张
审核					
批准			四川工程职业技术学院		

班级　　　　　　姓名　　　　　　学号

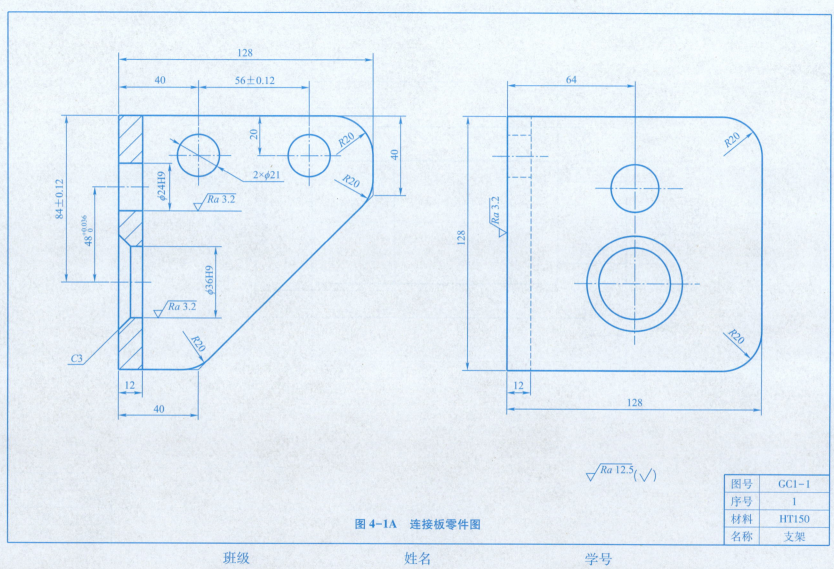

图 4-1A　连接板零件图

图号	GC1-1
序号	1
材料	HT150
名称	支架

班级　　　　　　姓名　　　　　　学号

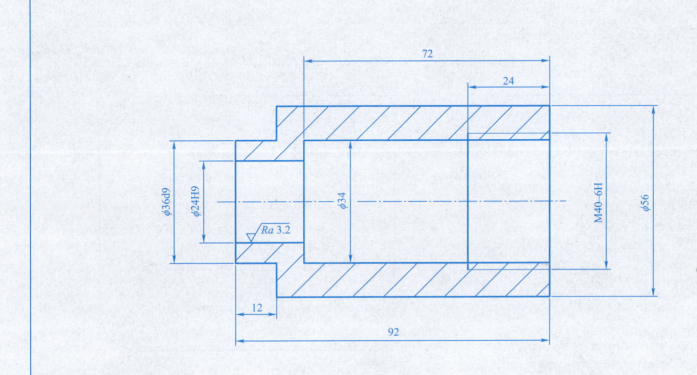

$$\sqrt{Ra\ 12.5}\ (\sqrt{\ \ })$$

图 4-1B 连接板零件图

图号	GC1-2
序号	2
材料	Q235
名称	套筒

班级　　　　　　　　姓名　　　　　　　　学号

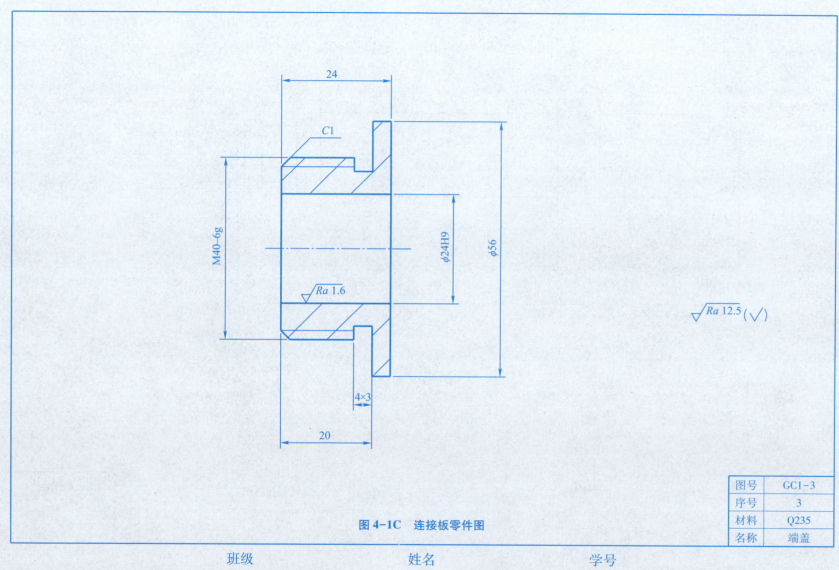

图 4-1C 连接板零件图

图号	GC1-3
序号	3
材料	Q235
名称	端盖

班级　　　　　　　　　姓名　　　　　　　　　学号

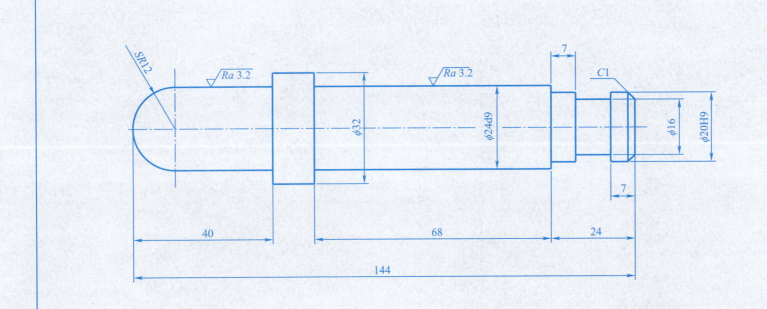

图 4-1D　连接板零件图

图号	GC1-4
序号	4
材料	45
名称	销轴

班级　　　　　　　姓名　　　　　　　学号

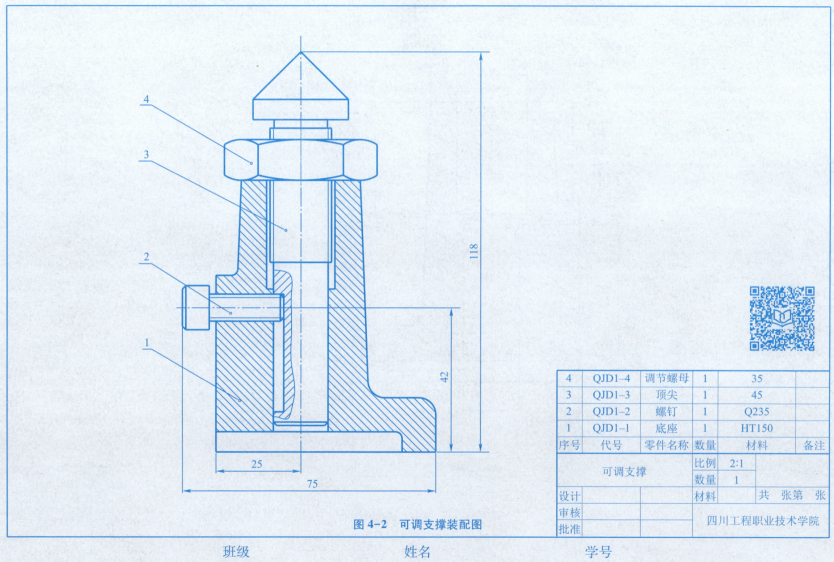

图 4-2 可调支撑装配图

4	QJD1-4	调节螺母	1	35	
3	QJD1-3	顶尖	1	45	
2	QJD1-2	螺钉	1	Q235	
1	QJD1-1	底座	1	HT150	
序号	代号	零件名称	数量	材料	备注

可调支撑		比例	2:1
		数量	1
设计		材料	共 张第 张
审核			四川工程职业技术学院
批准			

班级　　　　　　　姓名　　　　　　　学号

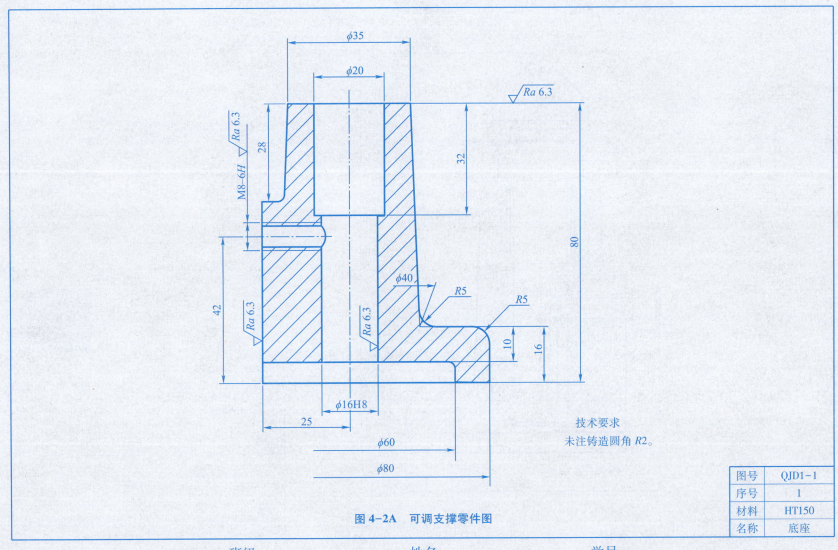

图 4-2A 可调支撑零件图

技术要求
未注铸造圆角 R2。

图号	QJD1-1
序号	1
材料	HT150
名称	底座

班级　　　　　　　　姓名　　　　　　　　学号

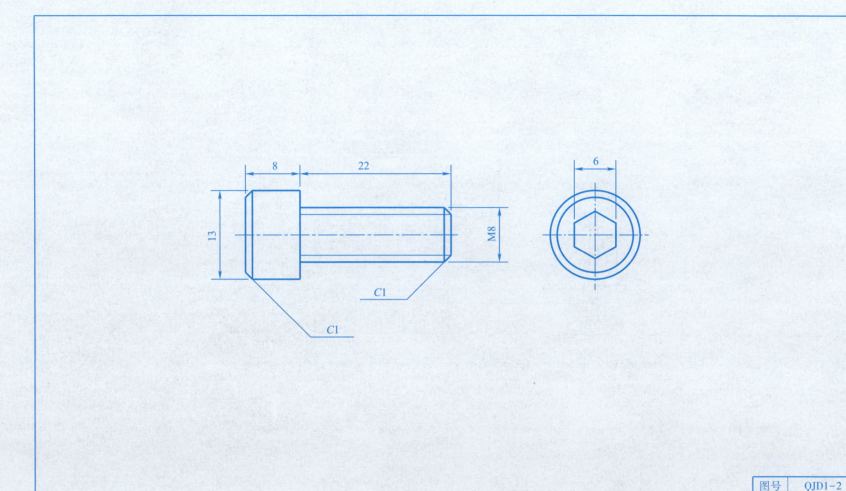

图 4-2B　可调支撑零件图

图号	QJD1-2
序号	2
材料	Q235
名称	螺钉

班级　　　　　　　　姓名　　　　　　　　学号

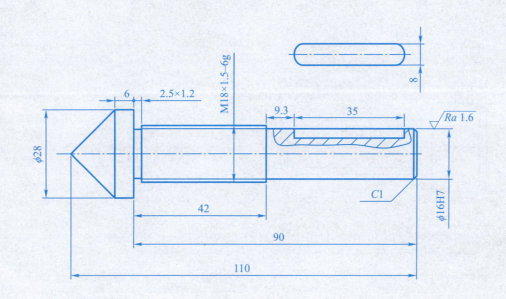

技术要求

调质 32-37 HRC。

图号	QJD1-3
序号	3
材料	45
名称	顶尖

图 4-2C 可调支撑零件图

班级　　　　　　　　姓名　　　　　　　　学号

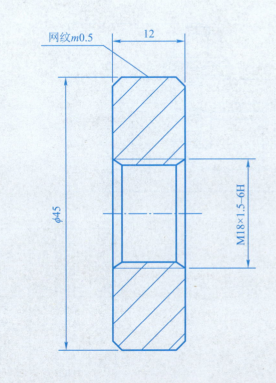

网纹 $m0.5$

12

$\phi45$

$M18\times1.5\text{-}6H$

技术要求

1. $\phi45$ 表面作滚花处理,

2. 未注倒角 $C1.5$。

图 4-2D　可调支撑零件图

图号	QJD1-4
序号	4
材料	35
名称	调节螺母

班级　　　　　　姓名　　　　　　学号

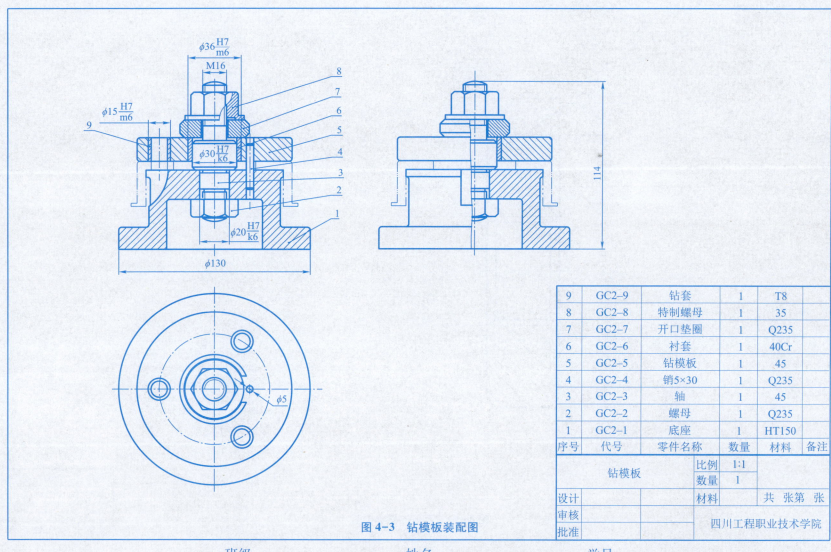

9	GC2–9	钻套	1	T8	
8	GC2–8	特制螺母	1	35	
7	GC2–7	开口垫圈	1	Q235	
6	GC2–6	衬套	1	40Cr	
5	GC2–5	钻模板	1	45	
4	GC2–4	销5×30	1	Q235	
3	GC2–3	轴	1	45	
2	GC2–2	螺母	1	Q235	
1	GC2–1	底座	1	HT150	
序号	代号	零件名称	数量	材料	备注

钻模板		比例	1:1	
		数量	1	
设计		材料		共 张第 张
审核				
批准			四川工程职业技术学院	

图 4-3 钻模板装配图

班级　　　　　　　　姓名　　　　　　　　学号

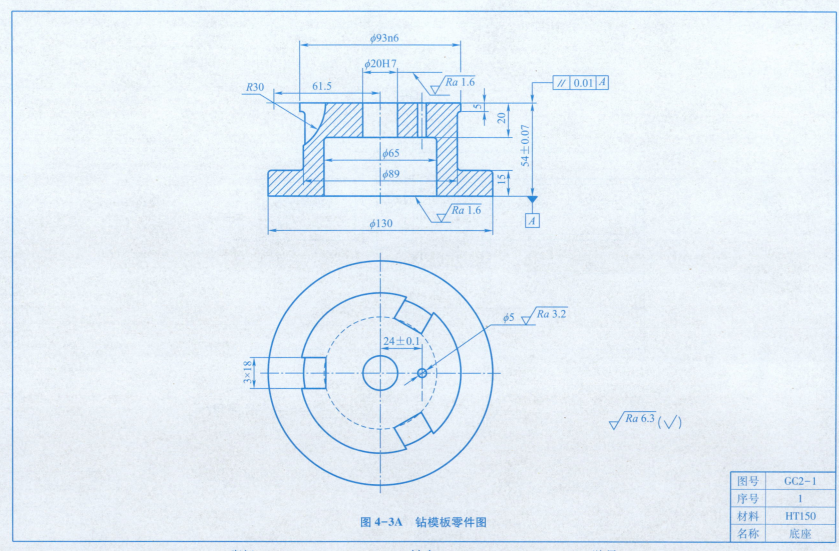

图4-3A 钻模板零件图

图号	GC2-1
序号	1
材料	HT150
名称	底座

班级   姓名   学号

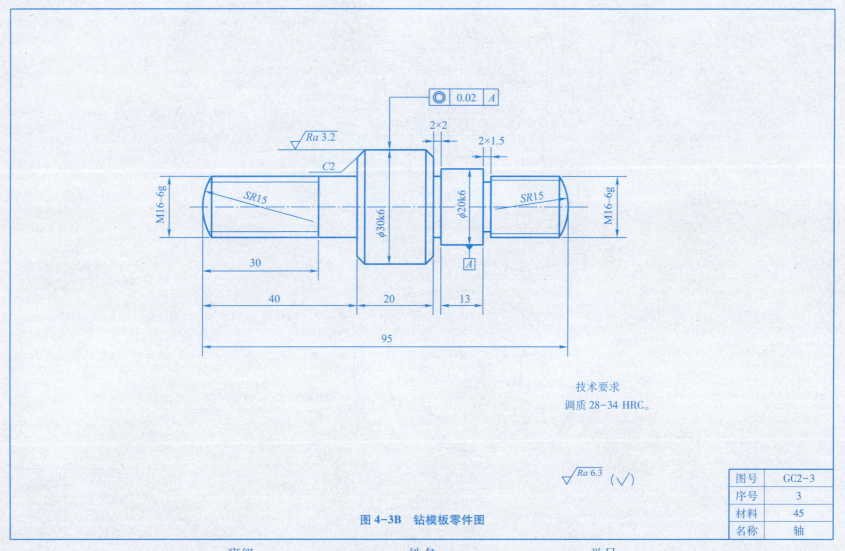

$\sqrt{Ra\ 3.2}$

$C2$

0.02 | A

2×2

2×1.5

M16-6g

SR15

φ30k6

φ20k6

SR15

M16-6g

A

30

40

20

13

95

技术要求
调质 28-34 HRC。

$\sqrt{Ra\ 6.3}$ ($\sqrt{}$)

图 4-3B 钻模板零件图

图号	GC2-3
序号	3
材料	45
名称	轴

班级　　　　　　　姓名　　　　　　　学号

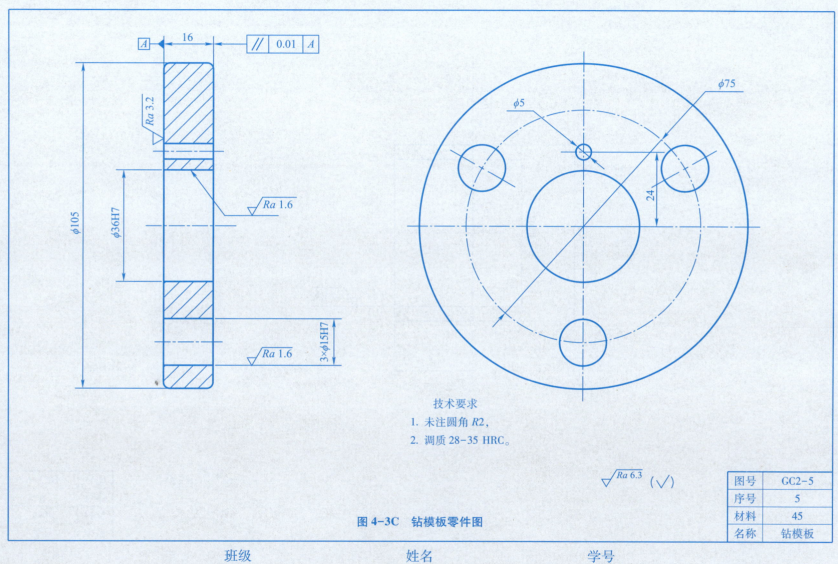

技术要求
1. 未注圆角 $R2$，
2. 调质 28−35 HRC。

$\sqrt{Ra\,6.3}$ （$\sqrt{}$）

图 4−3C 钻模板零件图

图号	GC2−5
序号	5
材料	45
名称	钻模板

班级　　　　　　　姓名　　　　　　　学号

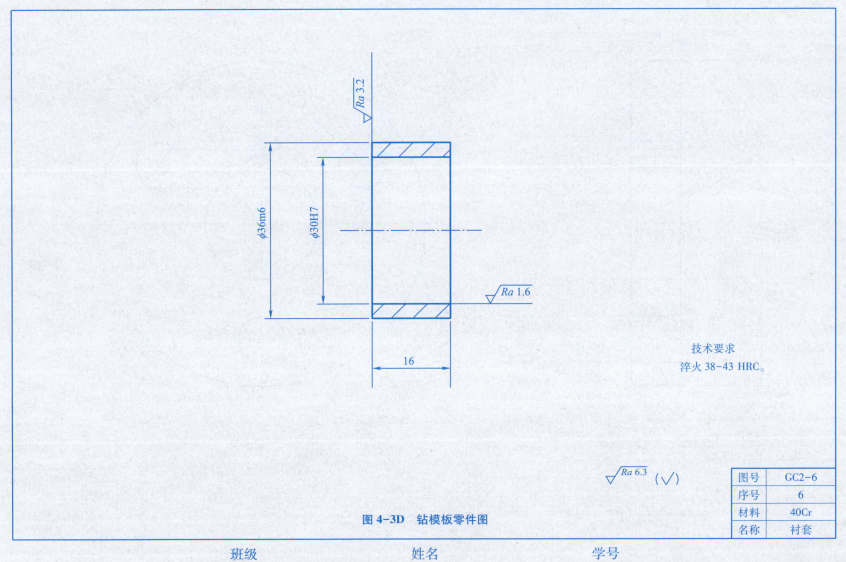

图 4-3D　钻模板零件图

图号	GC2-6
序号	6
材料	40Cr
名称	衬套

技术要求

淬火 38-43 HRC。

班级　　　　　　　姓名　　　　　　　学号

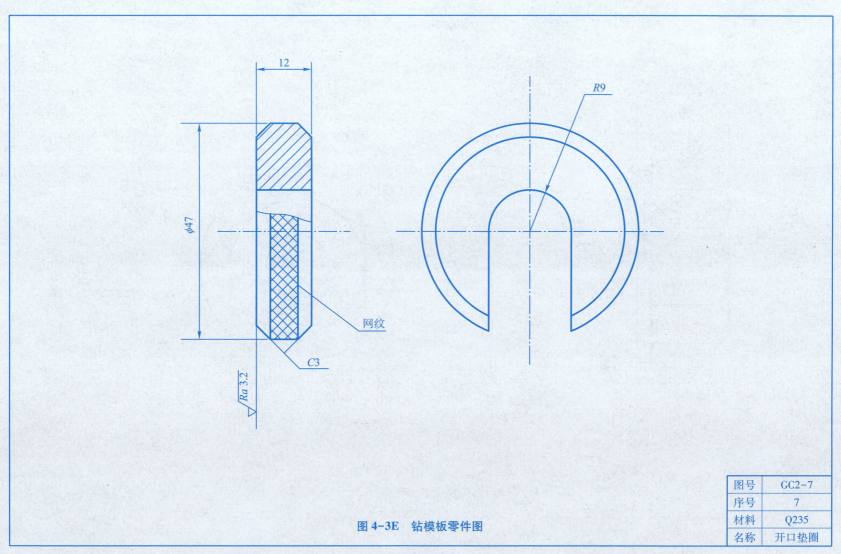

图 4-3E 钻模板零件图

图号	GC2-7
序号	7
材料	Q235
名称	开口垫圈

班级　　　　　　　　姓名　　　　　　　　学号

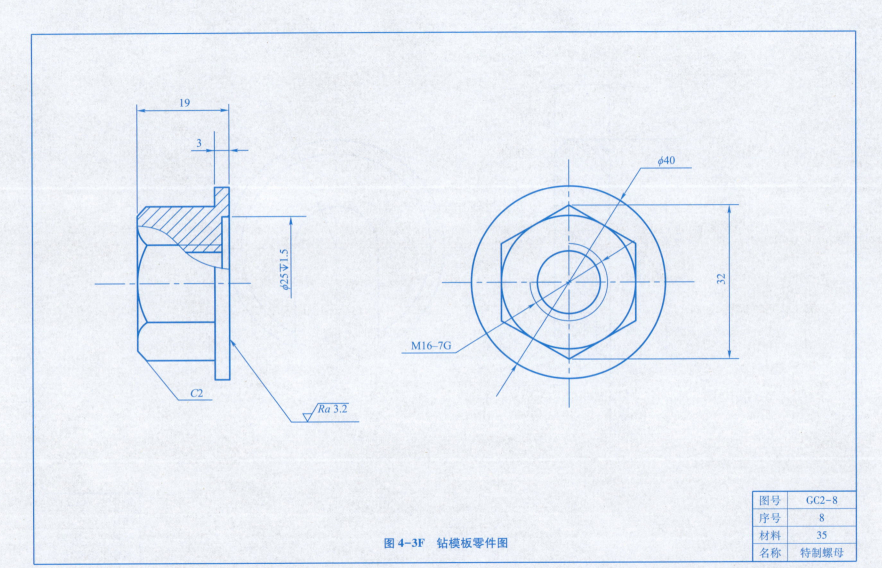

19

3

$\phi 25\sqrt{1.5}$

$\phi 40$

32

M16–7G

C2

$\sqrt{Ra\ 3.2}$

图 4-3F 钻模板零件图

图号	GC2-8
序号	8
材料	35
名称	特制螺母

班级   姓名   学号

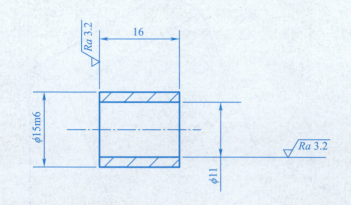

技术要求
调质 25–32 HRC。

$\sqrt{Ra\,6.3}$ ($\sqrt{}$)

图号	GC2–9
序号	9
材料	T8
名称	钻套

图 4–3G 钻模板零件图

班级　　　　　　　　姓名　　　　　　　　学号

学习单元五　机械零件轴测图绘制

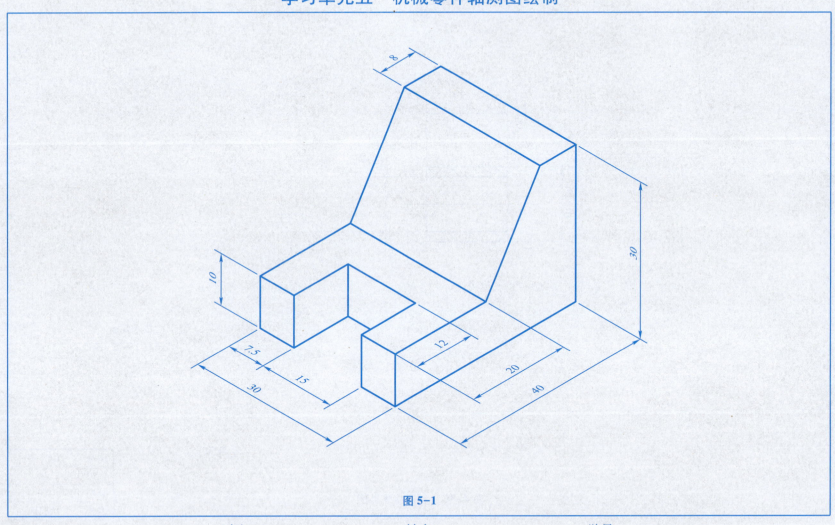

图 5-1

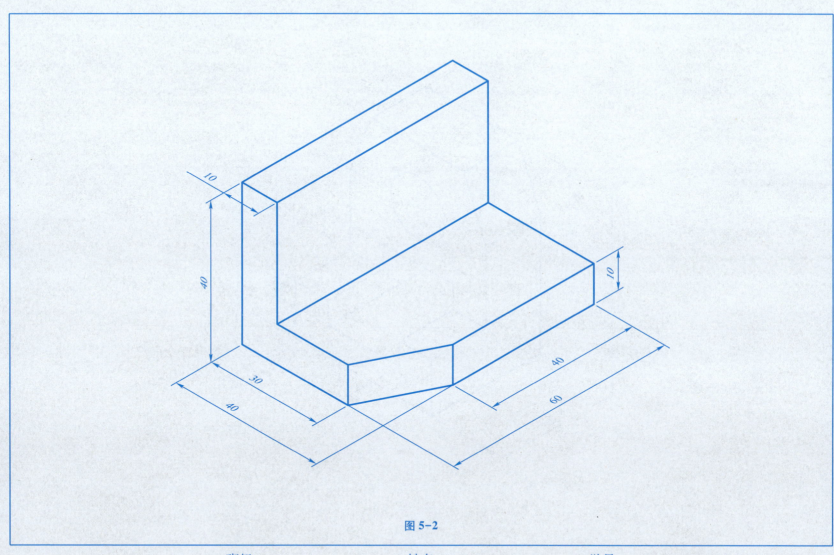

图 5-2

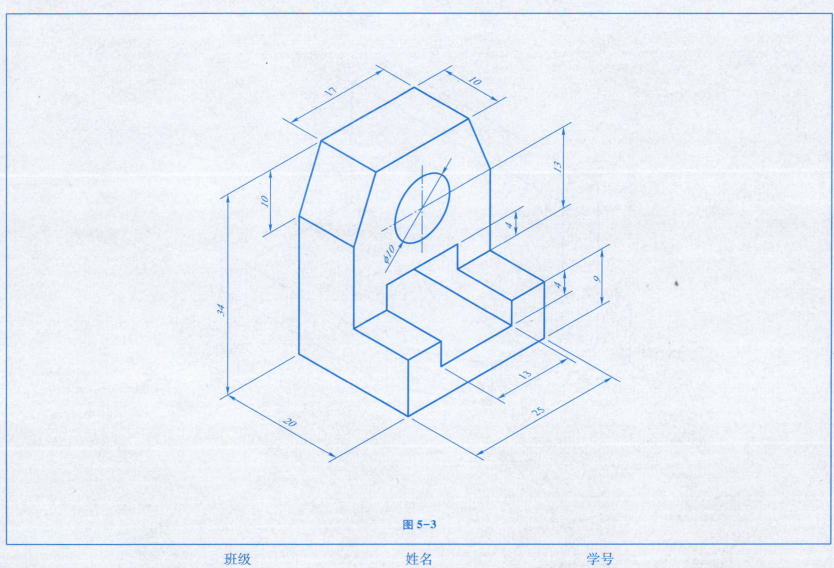

图 5-3

班级　　　　　　姓名　　　　　　学号

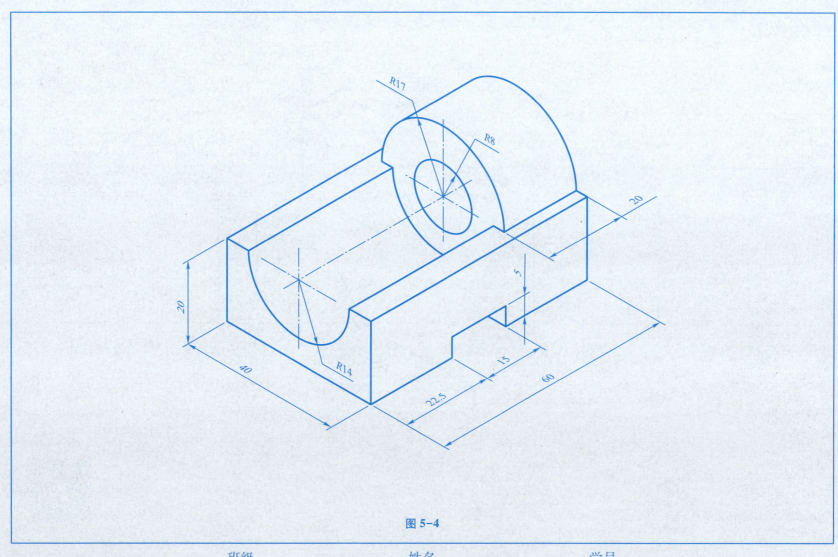

图 5-4

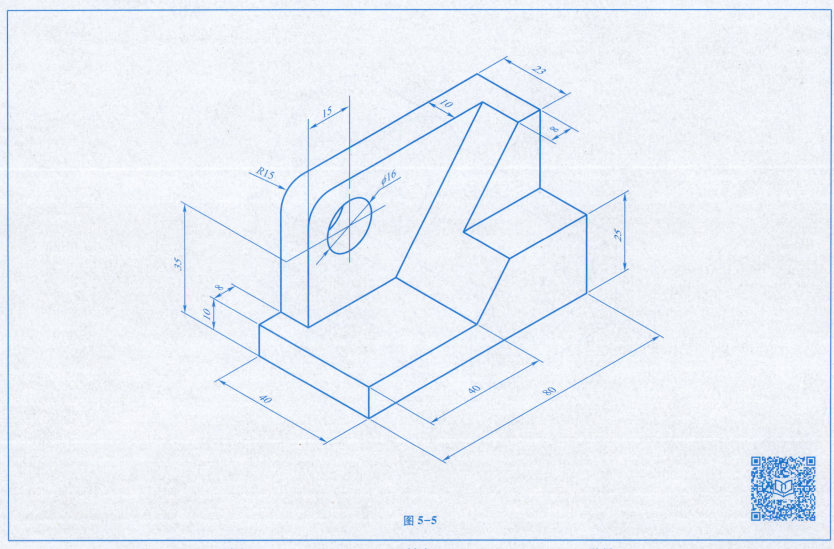

图 5-5

班级   姓名   学号

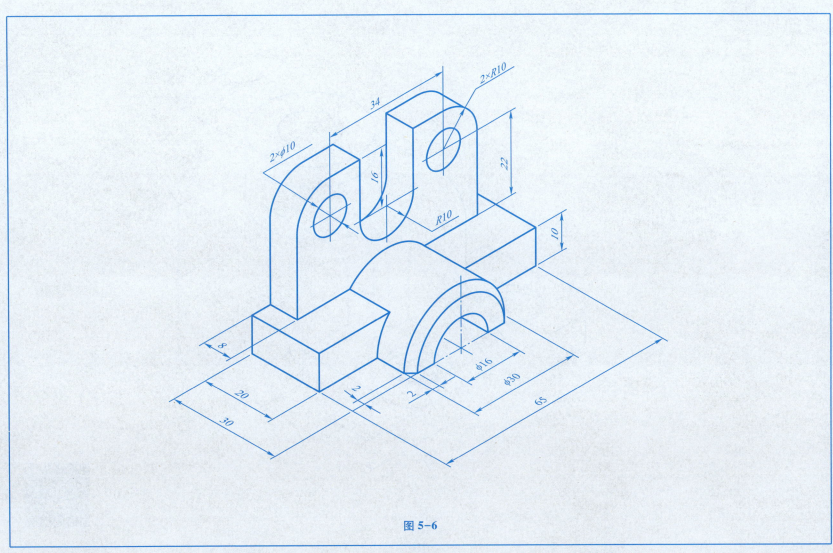

图 5-6

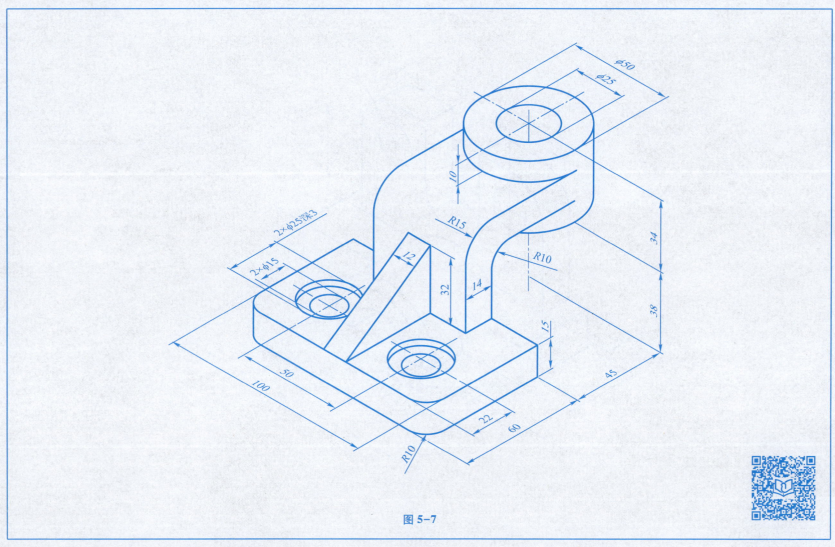

图 5-7

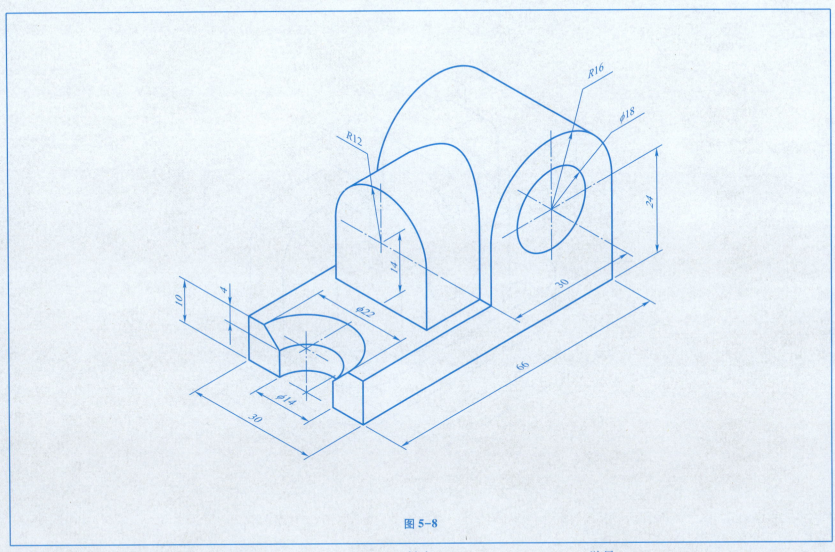

图 5-8

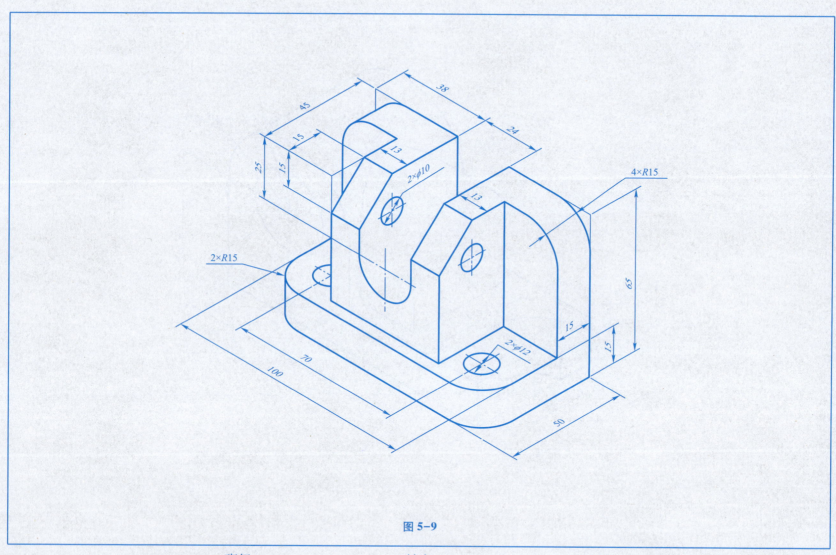

图 5-9

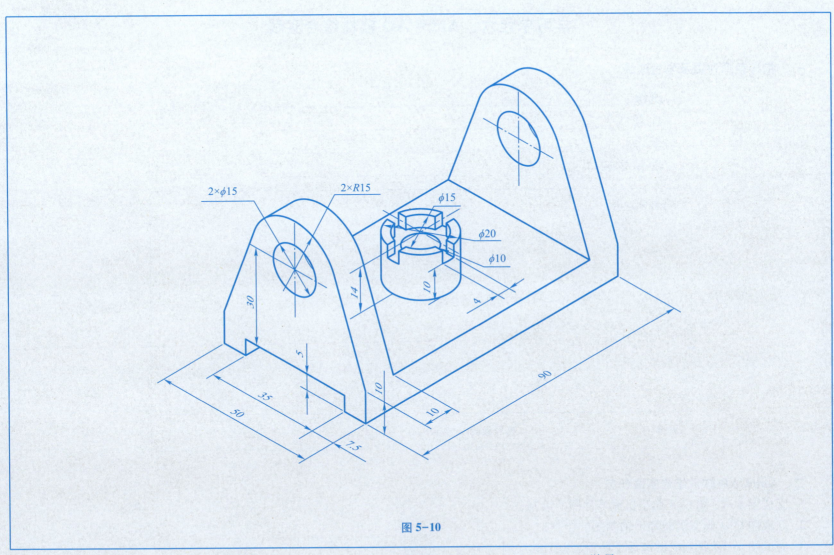

2×φ15 2×R15 φ15 φ20 φ10

30 14 10 4

5 10 90

35 10

50 7.5

图 5-10

班级　　　　　　　　姓名　　　　　　　　学号

学习单元六　AutoCAD 软件综合实践

一、指导教师评语及学生成绩

班级：_____

姓名：_____

学号：_____

指导老师：_____

指导教师评语：		
		年　　月　　日
成绩		指导教师（签字）：

二、AutoCAD 软件综合实践任务

1. 完成图 6-1~图 6-8 典型机械零件图的绘制；

2. 完成图 6-9 典型机械零件轴测图的绘制；

3. 完成图 6-10 典型机械部件千斤顶装配图的绘制。

三、AutoCAD 软件综合实践目的

1. 熟练掌握 AutoCAD 软件图形绘制功能；
2. 加强典型机械零件的工程图绘制能力；
3. 加强典型机械零件的轴测图绘制能力；
4. 加强典型机械部件装配图的绘制能力。

四、AutoCAD 软件综合实践安排

综合实践时间共 1 周，具体安排如下表：

	内　　容	工期
开始	绘制典型机械零件的零件图样	工作日（天）
	1. 完成图 6-1 至图 6-3 的绘制	1.5~2
	2. 完成图 6-4 至图 6-6 的绘制	1.5~2
	3. 选做图 6-7、图 6-8 的绘制	1
	绘制典型机械零件轴测图样	工作日（天）
	完成图 6-9 典型机械零件轴测图的绘制	0.3
	绘制典型机械部件的装配图样	
结束	完成图 6-10 典型机械部件千斤顶装配图的绘制	0.7

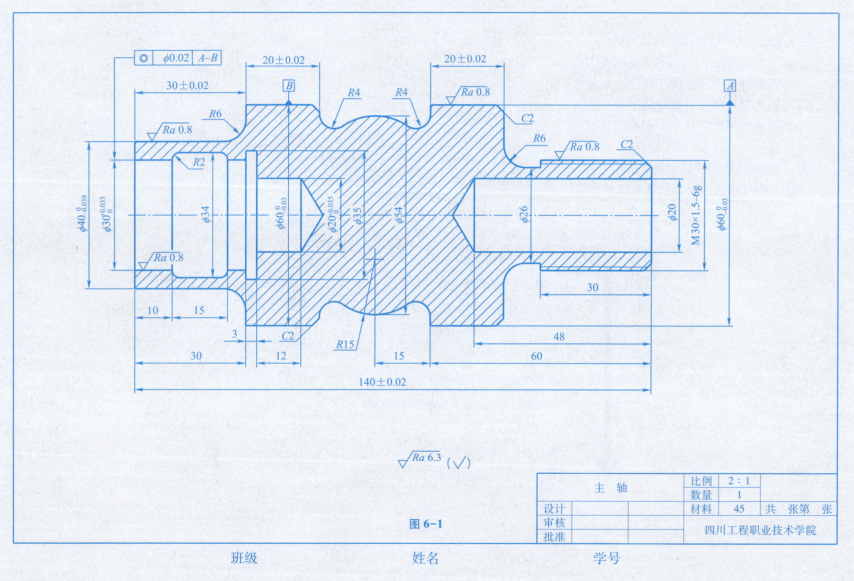

$\sqrt{Ra\,6.3}\ (\checkmark)$

图 6-1

主　轴		比例	2：1	
		数量	1	
设计		材料	45	共　张第　张
审核		四川工程职业技术学院		
批准				

班级　　　　　　　　姓名　　　　　　　　学号

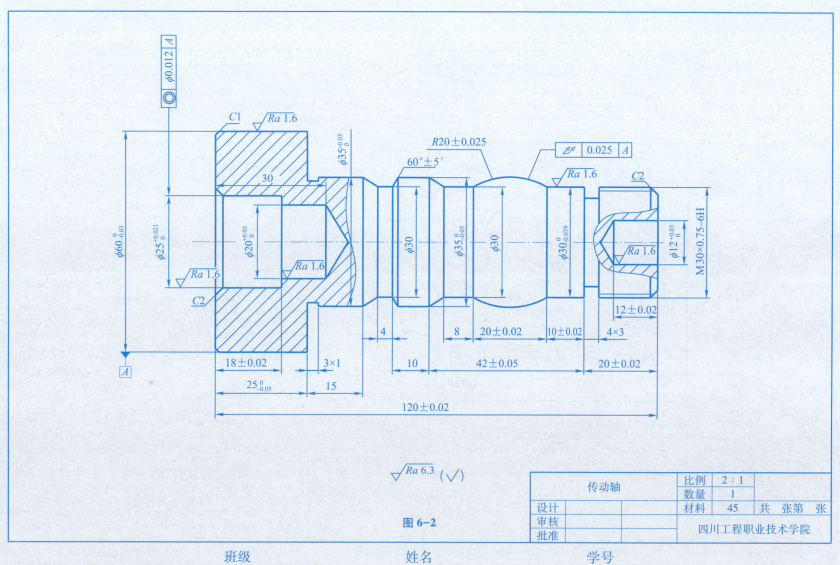

$\sqrt{Ra\ 6.3}\ (\sqrt{})$

图 6-2

传动轴		比例	2:1	
		数量	1	
设计		材料	45	共 张第 张
审核		四川工程职业技术学院		
批准				

班级　　　　　　　　　姓名　　　　　　　　　学号

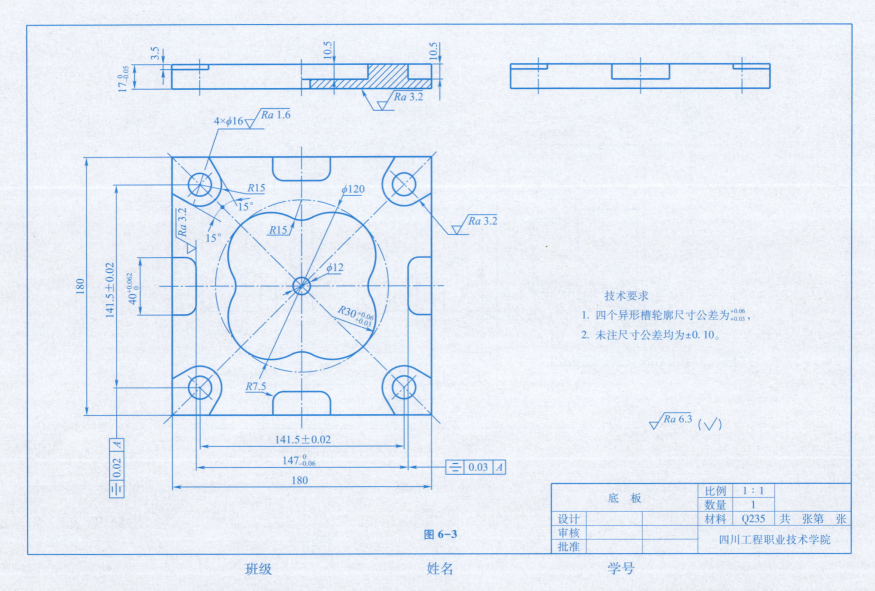

技术要求

1. 四个异形槽轮廓尺寸公差为$^{+0.06}_{+0.03}$，

2. 未注尺寸公差均为±0.10。

$\sqrt{Ra\ 6.3}\ (\sqrt{\ })$

图 6-3

底　板		比例	1：1	
		数量	1	
设计		材料	Q235	共　张第　张
审核		四川工程职业技术学院		
批准				

班级　　　　　　　　姓名　　　　　　　　学号

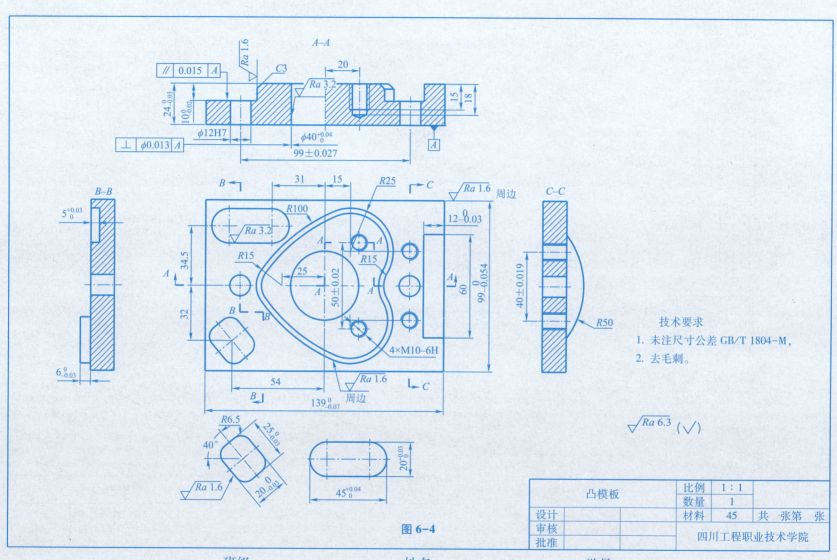

图 6-4

技术要求
1. 未注尺寸公差 GB/T 1804-M。
2. 去毛刺。

凸模板		比例	1:1		
		数量	1		
设计		材料	45	共 张第	张
审核		四川工程职业技术学院			
批准					

班级　　　　　　　姓名　　　　　　　学号

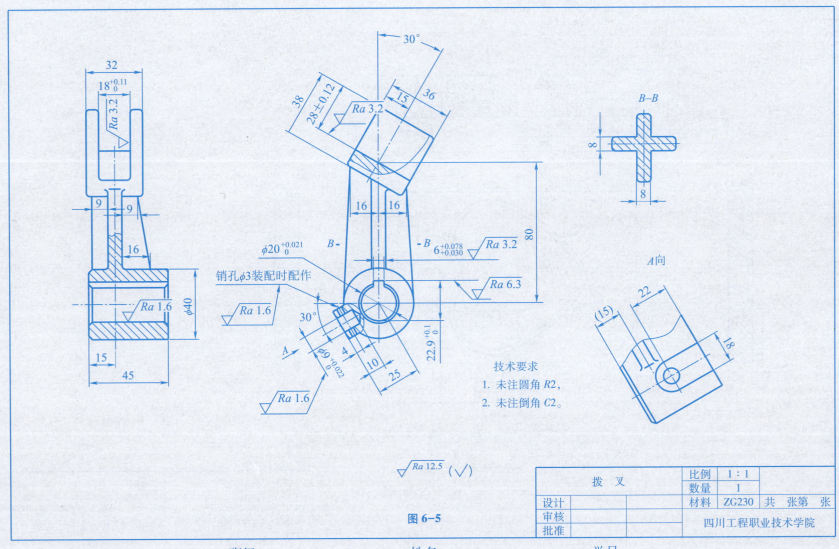

技术要求

1. 未注圆角 R2，

2. 未注倒角 C2。

$\sqrt{Ra\ 12.5}$ ($\sqrt{}$)

图 6-5

拨 叉		比例	1：1	
		数量	1	
设计		材料	ZG230	共 张第 张
审核		四川工程职业技术学院		
批准				

班级　　　　　　　　姓名　　　　　　　　学号

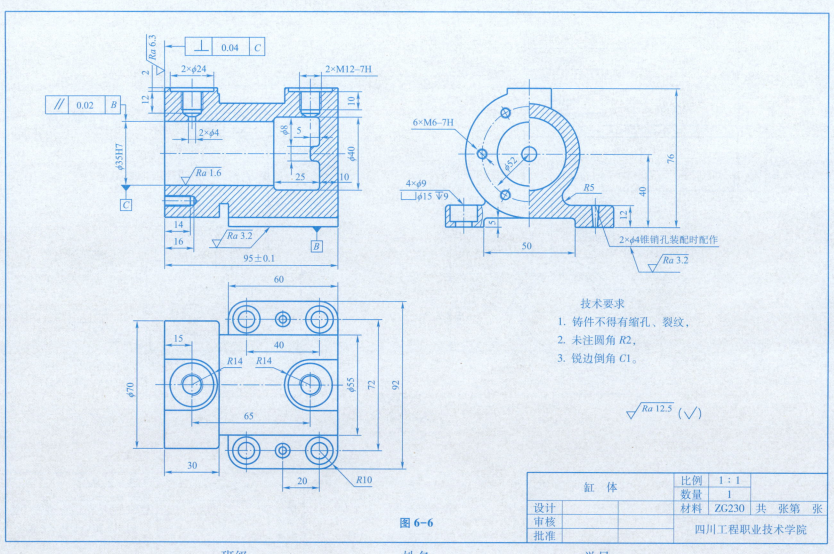

技术要求
1. 铸件不得有缩孔、裂纹。
2. 未注圆角 R2。
3. 锐边倒角 C1。

$\sqrt{Ra\,12.5}$ ($\sqrt{}$)

图 6-6

缸 体		比例	1：1	
		数量	1	
设计		材料	ZG230	共 张第 张
审核				
批准		四川工程职业技术学院		

班级　　　　　　　　姓名　　　　　　　　学号

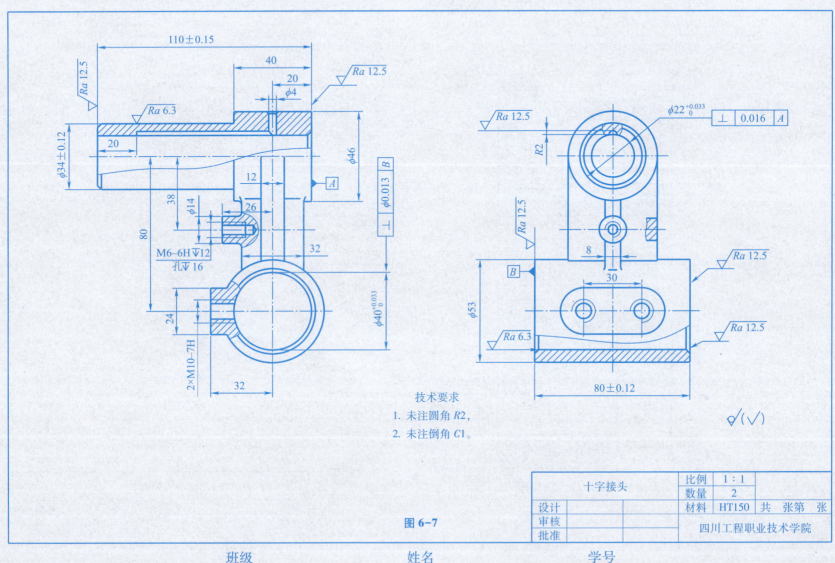

技术要求
1. 未注圆角 R2，
2. 未注倒角 C1。

图 6-7

十字接头			比例	1：1	
			数量	2	
设计			材料	HT150	共　张第　张
审核					
批准			四川工程职业技术学院		

班级　　　　　　　　姓名　　　　　　　　学号

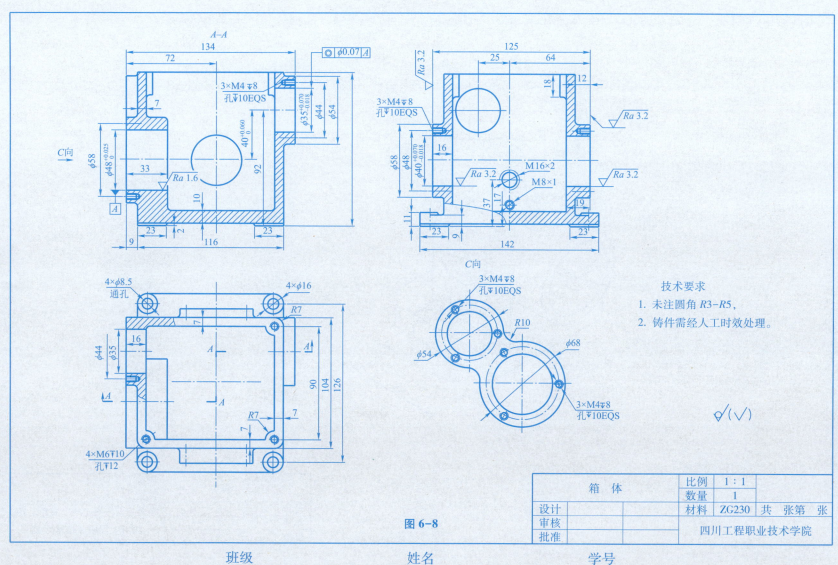

图 6-8

技术要求
1. 未注圆角 R3−R5，
2. 铸件需经人工时效处理。

箱　体		比例	1：1
		数量	1
设计		材料	ZG230 　共　张第　张
审核			
批准			四川工程职业技术学院

班级　　　　　　　　姓名　　　　　　　　学号

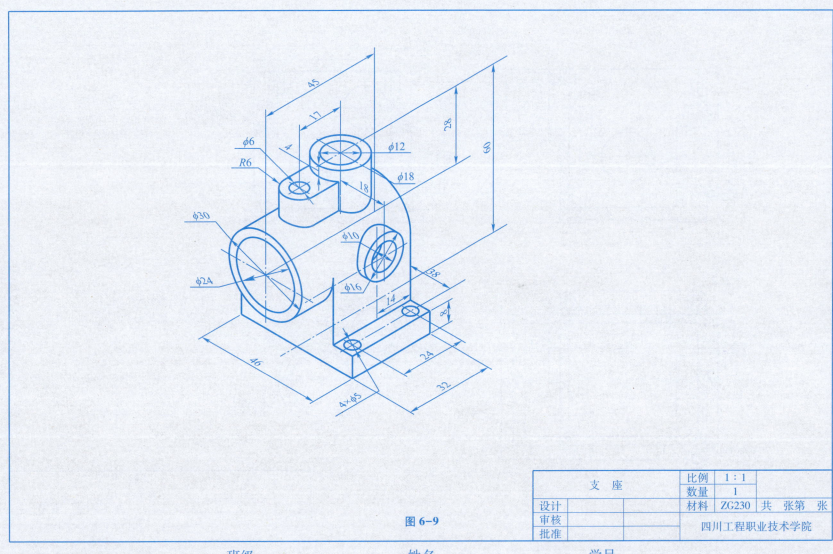

图 6-9

支　座	比例	1：1		
	数量	1		
设计		材料	ZG230	共　张第　张
审核		四川工程职业技术学院		
批准				

班级　　　　　　　　姓名　　　　　　　　学号

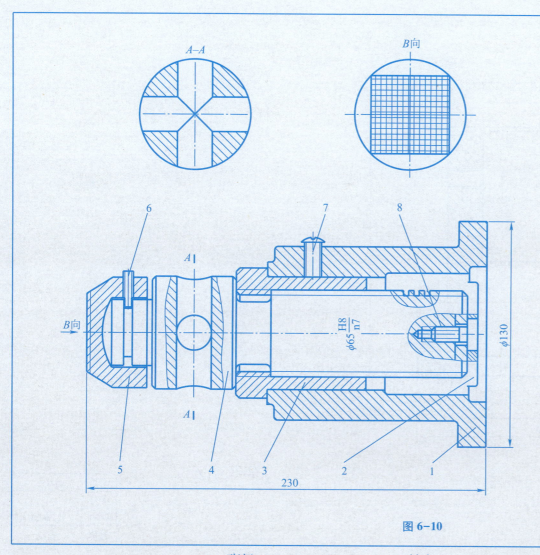

A—A

B向

6   7   8

A

B向

$\phi 65 \dfrac{H8}{n7}$

$\phi 130$

5   4   3   2   1

230

图 6-10

技术要求

1. 本产品的顶举高度为 50 mm,

2. 顶举重量为 1 000 kg。

8	JD1-8	螺钉M8×1.5	1	35	
7	JD1-7	螺钉M10-7H	1	35	
6	JD1-6	螺钉M6-7H	1	35	
5	JD1-5	顶垫	1	45	
4	JD1-4	螺杆	1	45	
3	JD1-3	螺母	1	20Cr	
2	JD1-2	挡圈	1	Q235	
1	JD1-1	底座	1	HT200	
序号	代号	零件名称	数量	材料	备注

千斤顶	比例	1:1
	数量	1

设计		材料	共 张第 张
审核			四川工程职业技术学院
批准			

班级   姓名   学号

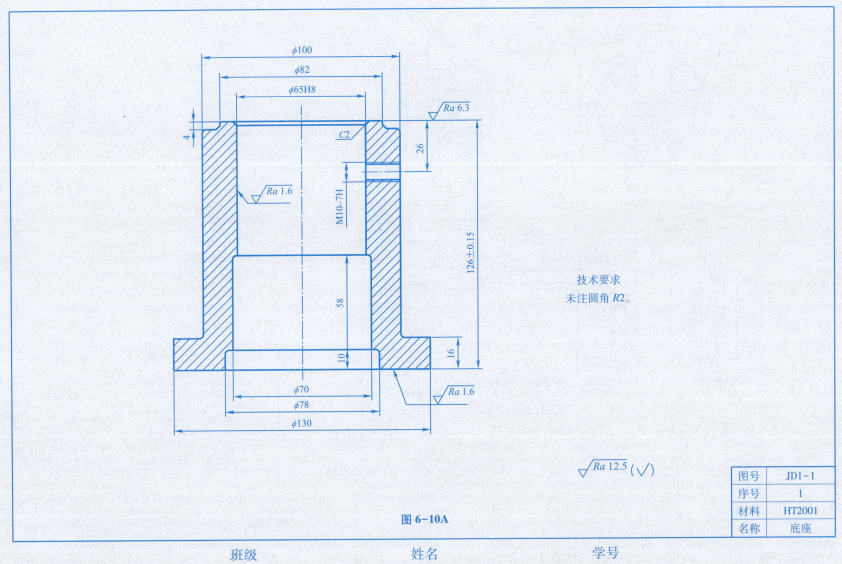

$\phi100$

$\phi82$

$\phi65H8$

$\sqrt{Ra\ 6.3}$

$C2$

4

26

$M10{-}7H$

$\sqrt{Ra\ 1.6}$

126 ± 0.15

技术要求

未注圆角 $R2$。

58

16

10

$\sqrt{Ra\ 1.6}$

$\phi70$

$\phi78$

$\phi130$

$\sqrt{Ra\ 12.5}\ (\sqrt{\ })$

图 6-10A

图号	JD1-1
序号	1
材料	HT2001
名称	底座

班级 　　　　　　　姓名 　　　　　　　学号

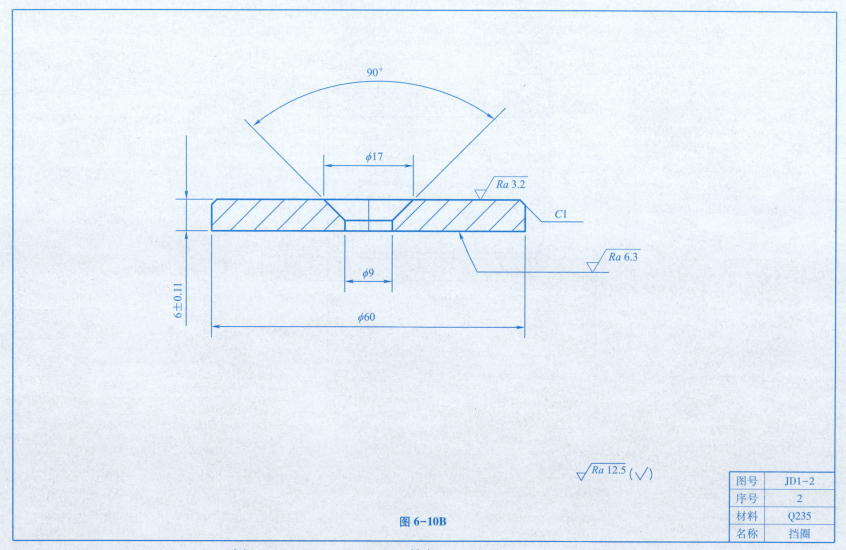

90°

$\phi17$

Ra 3.2

C1

Ra 6.3

$\phi9$

6 ± 0.11

$\phi60$

$\sqrt{}$ Ra 12.5 ($\sqrt{}$)

图号	JD1-2
序号	2
材料	Q235
名称	挡圈

图 6-10B

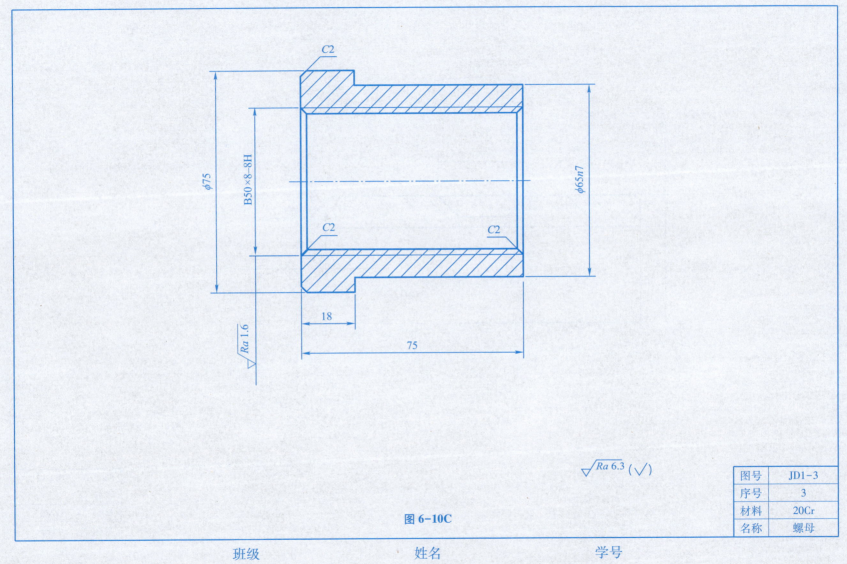

$\sqrt{Ra\,6.3}$ ($\sqrt{}$)

图 6-10C

图号	JD1-3
序号	3
材料	20Cr
名称	螺母

班级　　　　　　姓名　　　　　　学号

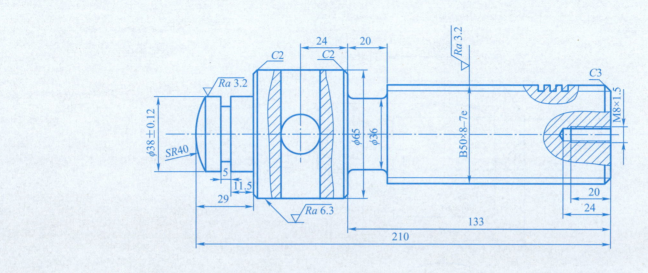

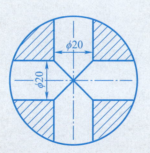

技术要求

1. 未注圆角 $R3$,

2. 热处理, 调质 $220\sim240$ HB。

$\sqrt{Ra\ 12.5}\ (\sqrt{})$

图 6-10D

图号	JD1-4
序号	4
材料	45
名称	螺杆

班级　　　　　　姓名　　　　　　学号

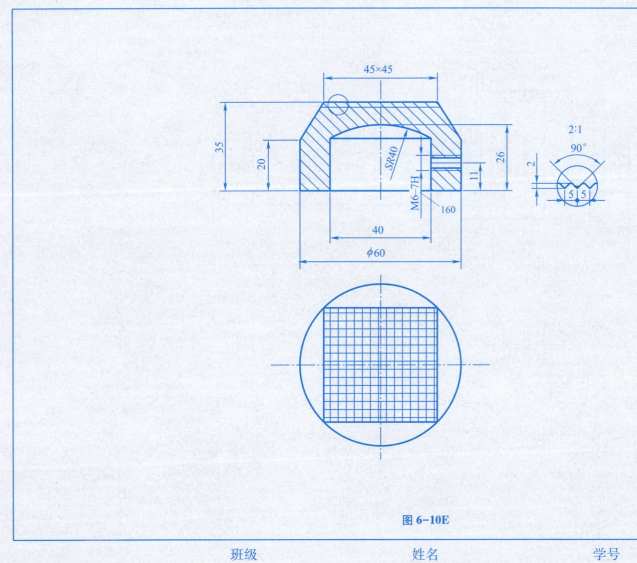

图 6-10E

图号	JD1-5
序号	5
材料	45
名称	顶垫

班级　　　　　　　姓名　　　　　　　学号